秘境三关

MI JING SAN GUAN

孟德明 ◎ 著

中国文史出版社

图书在版编目（ＣＩＰ）数据

秘境三关 / 孟德明著. -- 北京：中国文史出版社，
2019.12
　　ISBN 978-7-5205-1609-9

　Ⅰ.①秘…Ⅱ.①孟…Ⅲ.①河北－地方史－研究－
辽宋金元时代Ⅳ.①K292.2

中国版本图书馆CIP数据核字(2019)第261616号

责任编辑：刘华夏
装帧设计：欧阳春晓

出版发行：中国文史出版社
社　　址：北京市海淀区西八里庄69号　　邮编：100142
电　　话：010-81136606　81136602　81136603（发行部）
传　　真：010-81136655
印　　装：廊坊市海涛印刷有限公司
经　　销：全国新华书店
规　　格：787×1092　1/16
印　　张：16.75
字　　数：168千字
版　　次：2020年4月北京第1版
印　　次：2020年4月第1次印刷
定　　价：52.00元

一部忠于历史倾情今天的文史力著

——孟德明《秘境三关》序

□ 石英（著名作家 中国散文学会名誉会长）

《秘境三关》是学者、作家和编辑家孟德明先生的又一部力著。我有幸读到了这部书稿，可以预期：较之他上一部文史散文随笔集《奔跑的榆》，必将产生更为广泛的良好影响。

"秘境三关"，此一标题本身就具有极大的历史文化跨度和伟大民族复兴发展的象征性意义。作者的感触绝非出于偶然，而是久有所悟、长期思考与孕育的产物。他自幼生长于斯，耳濡目染，口传文润，有些东西可谓烂熟于心；新时代的晨钟焕然激发，在内心有了一种时空相融的对接，长久思考的结果便最终成型。

本书稿所涵盖之内容，作者已有清晰之交代，我在此不再过多重述。仅就我读后的几点主要感触，提炼为如下三点：

一曰求实精神。作者在书稿中明白地指出：北宋之所谓"三关"，是毋庸置疑的曾经存在；但与其相关的情事及细节，应该说是史载寥寥，甚至有的仅是某种模糊的影子。但作者并不因此而作"模糊处理"。他为了还原历史真相，力求让读者知道得更多、更具体，竭尽全力，不弃点滴，追溯密访片纸只语，比较核对，求真务实，下的是真功夫、苦功夫，不惜百里千回只为一事，纵使光阴流转亦不敷衍将就。其认真乃至"苛求"程度可感可钦。目的只有一个："宋辽金鼓逸声远，亦要三关立前头"。还原过往，为的是对得起今天的读者，此心足矣。

有一点是我最为感动的，这就是：他对与此相关的民间传说和戏曲之类的严肃态度。很久以来，我既为民间传说之无比丰富感到欣喜，又因其在大众心中无遮拦的蔓长而时有乱真之忧。以民间传说及戏曲而言，往往是抓住史实一点而无限"生发"，乃至全无依据而任意杜撰亦比比皆是。特别突出的有两段"故事"和与此相关的两组人物至今仍广为流传，这就是"唐朝"的薛平贵、王宝钏与"宋朝"的穆桂英连带的"杨家将"种种，可谓离谱远矣！前者竟达到了回归"坐朝"封后晋爵的地步。对此，有人说是唐大将薛仁贵的附会，但似乎也相似点不多（唯一相近的是京剧《汾河湾》与《武家坡》），对照史实，基本上是子虚乌有。后者"杨家将"倒是有杨业（或杨继业）、杨延昭（杨六郎）的影子，但由此派生出的人物和故事竟多得不知凡几。一个基本上是杜撰出来的"巾帼英雄"穆桂英在多出戏曲大戏中都是绝对的一号角色。传统的剧目不说，而新编者也牢牢对准这个颇能"出戏"的"历史"大腕。京剧《穆桂英挂帅》就是一些专家在20世纪五六十年代按当时边疆形势为配合任务创作而成，盯住的恰恰又是"中国历史上"无与伦比的女性英雄！可喜而又可怕的是：一代又一代的年轻人都毫无疑问地将其视为真正的历史，在虚构的巨大光环之下，反而映衬得某些真实存在的历史人物黯然失色。我经常为编故事的先人的大胆想象与破格杜撰而感叹，却又为因之造成的真伪混淆、乃至潜在的道德底线受损可能带来的负性效果而生"杞忧"。譬如说，从地理知识角度上看，北京八达岭附近所谓的"穆桂英点将台"已被人视为"古迹"；其实，以当时史实，宋军将领是到达不了那个所在的，何况又是一位"一剑能抵挡百万兵"的常胜女将！

我深为感佩的是：本书作者孟德明先生对以上传说戏由中的诸般想象与杜撰，一方面是给以理解与体谅，对其有参阅价值之处还不乏善意地加以点化，如引用某些相关剧目的人物唱词以衬托，以调节，都是可取之笔。但对有违基本史实之情事和人物则据实进行指证，而绝不率意"通融"。我觉得作者在张扬正气忠于史实的同时，又能借机对于离谱之说进行必要的匡正，实在是本书的另一不可轻忽的贡献。

二曰理性剖析。这与上述互为关联，却又有更值得称道之点就是：作者高屋建瓴，站在历史发展的高度，理性地分析当时"三关"、宋辽对峙及与此相关的事件，而不囿于一时一事，如此便给今日的读者以清晰畅明、来去有据的知识含量与有益的认知。

作者对"三关"的由来，相关地域的形成沿革等，都作了非常翔实的交代，鞭辟入里的分析。也许是我之见识浅陋，之前从未读到如此充足而清晰的史地文字。还有，作者对契丹族之辽国的历史也作了并非多余的阐述，这对今日的广大读者认识当年宋辽对峙与争斗的真相与性质甚有帮助。作者的阐析笔调理性，娓娓道来——昔日的敌对"两国"早已融入中华民族的同一版图，但过程非易，从中亦可汲取诸多经验教训。作者对与此相关的五代之后周柴荣，对于陈桥兵变"黄袍加身"的宋太祖赵匡胤以至于"烛影斧声"疑案直接有关的宋太宗赵光义也有较为全面的理性评析。尤其是后周甚有作为皇帝柴荣的合理肯定，我觉得应视为对常常被人轻忽的五代时期历史的补益。柴荣在位时间虽短，但志高厉行，多能亲征必果，前程可观；可惜天不假时，英年而卒，令人叹惋。即使写到后晋"儿皇帝"石敬瑭及石重贵之类，作者也不只是廉价的痛骂，同样是进行深刻的揭示理性的剖析，让每段历史都给读者以不乏辩证的启悟。

至此，我忽然想起有一次与人说起五代时的精神，有人愤曰："石敬瑭割让燕云十六州，给汉家丢透人了。"其实，石敬瑭并非汉人，他与后唐建立者李存勖、后汉建立者刘知远均为沙陀部人（沙陀，西突厥别支）。其汉姓，均为赐姓或袭用者。沙陀原僻远西北，后内移杂居。当时李、石、刘三家，并称为沙陀三族。可见五代中除朱温之后梁、后周之郭威，余三家均为"外族"所建。以今天眼光看来，它们与契丹之争之和乃至之媚，均为当时混杂相搏的历史现象，也可以说是相对统一前的一种过渡，只是参演的角色不只有汉人，也有所谓的"夷"族乃至半汉化了的"夷"人。

    我就深深感知此点，跟随作者诚挚而自信的笔触，去亲和昔日的"三关"与今日的雄安，在忠于历史倾情今天的道路上，随着作者动情的叙述去完成昨日与今天灿然的对接。

石英 乙亥春分于京城斗室

本书作者在他的周密布局之下，不仅对执掌全局者，即使对与本书所讲内容相关将领及其他重要人物，亦有涉猎，如对出身于古中山国属地灵寿的一代仁将曹彬，在扬其征南唐、北汉诸役均获胜绩的同时，也对其与辽作战落败原因作了公正的分析。如此理性而从容的笔墨，在作者写人写事的文字中有着充分的展现。我认为，这对于一位尚属年轻的作家和文史学者来说，殊为难得。

三曰生动好读。本书作者具备一手出色的叙事文字。文史著作不能像一般文学作品那样：时而借助抒情提神儿，时而利用虚构细节添彩。因此叙事的功夫便显得极为重要。孟德明深谙此点：他的叙事无疑已形成自家风格，既流畅而又不乏韵致，生动中而内蕴文气，庄重而不呆板，雅尚而忌造作。总之，一股正气流贯其中。这里所说的正气又包括两重意思：一是文思之正，出自浩然；二是文质庄重，情趣不俗。力求好读，则借助内质的活络，生动来自妙笔而非刻意添油加醋。该丰腴时则不吝笔墨，该简约时则点化生花。这是一种性情，也是一种功夫，总之是先天与后天相契合所致。所谓好读，不仅是读其表面文字，实在是品咂其内含之所思。

作者说："我们应该感谢时光，把许多的无形变为有形。""被时光留下的还有脚下的土地，还有山河，它见证了曾经发生的一切。当然，泥土是宽厚的，寂寞的，它载道万物，所以它知而不言。"

"我们既热爱故事，我们也渴望知道真相。毕竟千年沧桑，谁也不敢说完全掌握了真相；但我们确实以真诚的态度试图剥开谜团，向着真相靠拢。"

目 录 | Contents

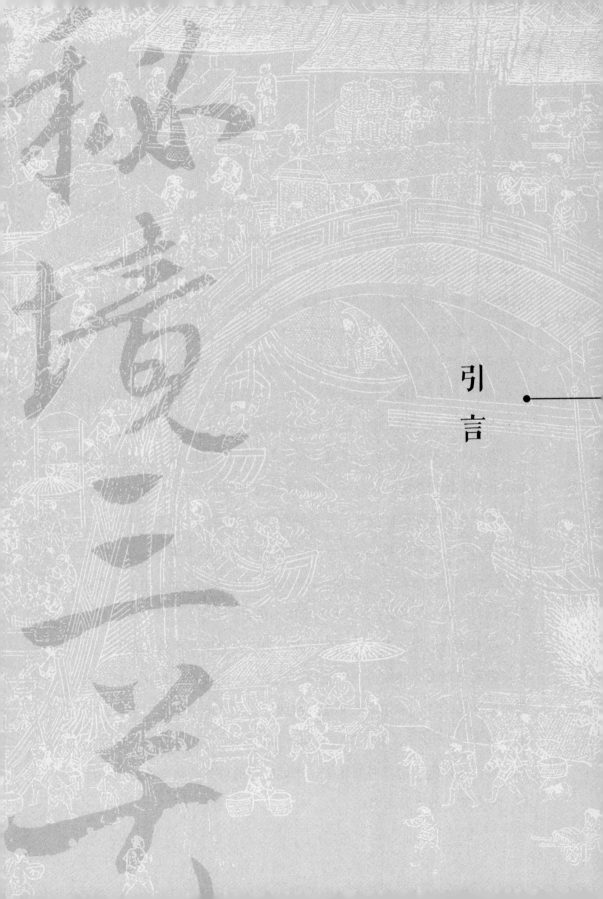

引言

一

　　这个日期，注定是个纪元性节点，2017年4月1日，有一个引起举世感奋、关于冀中平原的举措：在白洋淀一带的雄县、安新、容城设立雄安新区。雄安新区的定位意义深远：作为政治中心北京的非首都功能疏解区，是"国家大事""千年大计"。至此，"雄安"这个地理新概念、方位新坐标让世人的目光如聚光灯样聚集。这是一片神奇的土地，一片充满希望的热土，人人都为它规划、设计着心中的愿景。

　　自然，除了憧憬，我们还要回头看，还应追寻它走过的历史脉络，为这片土壤寻找文化之根。这是舍我其谁的职责。

　　是偶然，抑或必然？由于笔者多年关注冀中平原，探究它的文化表征，沿着脉络慢慢上溯，终于，笔者的注意力在千年前，徘徊，顿足，我寻到一个雄安新区自一千年前至今清晰的发展走势：从五代十国、宋代"三关"的军事对峙、战备防御及边贸往来的边界时期，这是一个特殊的阶段，而后是雄州一线的城镇化时期。以此推演，才会走进如今雄安新区的大都市化格局，时代不断演变，历史轨迹稳步迈进。

　　本书试图上溯一千年，探寻雄安一带宋辽时期几次重大变革，以托举着无数杨家将迷离传说的秘境"三关"为切入点，打开一个个重要历史文化符号，诸如雍熙北伐、澶渊盟约、"地下长城"古战道、水上屏障"方田"、榷场边境贸易，等等。有战争冲突、有防御工事、有边贸往来，沿着时间脉络，遥远幽秘的边关一路向着如今的廊坊，向着如今的雄安走来。

二

这究竟是个什么地带？让几代帝王裹进了一场又一场的战争。

又是怎样的抗衡力量？让这里在硝烟过后一度成为两国边界，换得一百多年的和平，被称为继楚河汉界后的又一"鸿沟"。

为什么这里的"开放口岸"榷场总会春风吹又生，在这里有哪些交易？

在这个地带，又是什么诱因，让它滋生了如此多的杨家将的神勇传说，衍生出许许多多的戏曲人物？

我们总喜欢把戏说当成历史，把演义当作真实，而忘记戏说和演义已经归入艺术加工领域。也实在是由于这些艺术样式太善于附着，总会找到历史上有鼻子有眼的人物，再把他们纳入自己的创作世界。从另一方面说，探访"三关"真相却是一项艰难的过程，它有着太多的承载，然而，由于年深日久，岁月蒙尘，需要我们层层剥离，需要实地踏勘，仔细翻阅历史遗留的只言片语；它有着太多的演义、传说、戏说，需要揭开面纱，才能寻到真相。

一千多年前，是五代十国和宋代。从那时起，这里就有个神秘的称呼——三关。谁知随着岁月的打磨，由它竟衍生出数不尽的故事，尤其是诸多杨家将的神奇演义。三关就像是一种食材，煎炒烹炸被人随意拾取，切段、切块、切丁、切馅，出来时成为了另外的东西，被人们咀嚼，或辣、或咸、或酸，此时它已被唤作了食物。而其真实面目已经变得扑朔迷离，面目皆非。反过来看，它也确实是一种好食材，既有人物，也有故事，又有大义作为纽带。

我们既热爱故事，我们也渴望知道真相。毕竟千年沧桑，谁也不敢说掌握了真相，我们确实以真诚的姿态剥开了谜团，向着真相靠近。

历史学家心中总会牢记一句口号：事实只有一个。对于千年前的宋辽边界三关，据笔者所知，由于以前史料占有不足，加之传说成分，出现过多种版本。大型综合性辞典《辞海·三关》条说得很清楚：即"淤口关、瓦桥关、益津关。在今河北雄县、霸县一带"。即使在宋辽时期，河北平原也出现过许多关隘，而形成组合式三关的，无疑非以上三个莫属。

沿着这样的指向走下去，我们得出了宋辽时期的几个数字：从960年北宋建立到1005年1月宋辽澶渊之盟签署，三关一带的南北对峙是45年，从1005年到1127年北宋灭亡，宋辽两国在三关一线的友好往来和经济贸易期是122年，二者加在一起的时间就是沿白沟河一线冀中地区的三关战火经历和边关和平共处经历，长达167年。总的来说，这一带总的趋势是由战争到和平，和平多于战争。

一百多年里，在寂寂的河北平原上，三关见证了太多往事，阅尽沧桑无数。它是一部大书，是一笔值得珍视的文化遗产，我们似乎对这段历史的认知还很不够，它期待我们走进，去发现，去挖掘，去穿越。

今天来看，这一带成为关隘有着太多的偶然因素，就是说，这里似乎不太具备成为关隘的要素——没有陡峭的山，也没有险要的路。这样的条件导致的结果，就是让我们走在这里时总是一脸茫然，或者叫作不自信，就像手里拿着一块本属于自己的元宝，却老以为错拿了别人的，心里有些怯怯。"边关"二字总会让人们保持距离，无法相信它可以在身边。然而，从五代后晋到宋辽时期，三关一带却长期处于对峙中，充当了南北两股力量挤压的承接点。中原地区经历了后晋石敬瑭、后周柴荣、北宋宋太宗、宋真宗四位皇帝，辽国有辽穆宗、辽景宗、辽圣宗三位皇帝和萧太后一位太后搅进了发生在这里的战争，将河北平原从中部裁开，形成了数十年的战争与对峙。宋辽签署盟约后，三关由边关成为两国认可的边界，在小心戒备与频频示好中，开设了多个榷场进行经贸往来。

自小到大，笔者听了太多的关于杨家将镇守三关的故事，随着长大，渐渐地笔者开始对这些传说产生质疑，笔者开始懂得传说毕竟有人为加工成分，而且很多，多到除了名字，都是虚构。举例说，戏曲《状元媒》里，杨六郎一位边境将领，怎么可能搭救柴郡主呢？《辕门斩子》里，杨六郎执意要杀儿子杨宗保，害得八王爷说情，细分析，于情于理都不通，典型的戏说。然而，年深日久，人们却偏偏当作真事来看。

笔者是个在历史面前较真的人，越是疑惑，越想弄个明白。由于自己生活在这片土地上，就有了数十年的无数次实地踏勘，并想借助多年的书本史料积累，努力走进那个年代，试图接近被岁月销蚀后的真实。

关于河北一带，《宋史·地理志二》记载可谓内容丰富，它的总述部分文字不长，却是精辟之至，写到河北，有如下记载："河北路，盖《禹贡》兖、冀、青三州之域，而冀、兖为多。当毕、昴、室、东壁、尾、箕之分。南滨大河，北际幽、朔，东濒海岱，西压上党。茧丝、织纻之所出。人性质厚少文，多专经术，大率气勇尚义，号为强忮。土平而近边，习尚战斗。有河漕以实边用，商贾贸迁，刍粟峙积。宋初募置乡义，大修战备，为三关，置方田以资军廪。契丹数来侵扰，人多去本，及荐修戎好，益开互市，而流庸复来归矣。大名、澶渊、安阳、临洺、汲郡之地，颇杂斥卤，宜于畜牧。浮阳际海，多鬻盐之利。其控带北地，镇、魏、中山皆为雄镇。"

《禹贡》又是什么呢？它是广有影响的我国古代名著，属于《尚书》中的一篇，人们普遍认为，它是先秦最富于科学性的地理记载，当时天下分为冀、兖、青、徐、扬、荆、豫、梁、雍九州，囊括了对各地山川、地形、土壤、物产等情况的记载。

这段文字，说到河北一带的地理位置，处于古代冀州、兖州之地，河流众多，西山东海北草原，这里由于地处偏远，凄清苍凉，一直是迷离在人们心中的秘境。尤其说到宋初河北地区更是添加了些许笔墨：为三关之地，整修农用方田，与辽和好后，开始互市贸易。元以前的漫长时间，北京还没成为政治、文化中心，北上大漠，南望中原，战略位置显然十分重要，一直是兵家必争之地，总是左右着华夏版图的格局，因此又常常被硝烟战火笼罩。

再说这里的人呢？一方水土养起的这一带人可谓性格独具，多有质朴、尚义、好斗、固执的特点。性格决定命运，一幕幕振臂一呼，应者云集的故事久演不衰。荆轲刺秦出发地、刘关张桃园三结义、张叔夜在白沟河愤极而亡等，燕赵慷慨悲歌在这一带频频上演，显现着这里与其他地方的大不同。更不可思议的是，一个生活在冀中的杨延昭，即杨六郎，随着时间的推移，渐渐演义出如此多的杨家将与三关的故事。那么，一千年前，幽秘之地三关地貌到底有多么神秘，这里究竟发生了什么呢？笔者渐渐感到，要读懂这页史册，需要走进大半个宋朝。

一

不一样的宋朝军事与对外策略

往事越千年，怎样看待宋朝

在历史长河中，千年是个整数，会让人拨动算盘，做个归纳，也会在这回顾里生发感慨。翻开历史图册，由现在上溯一千年，是1018年，这年曲阜的孔庙主体建筑奎文阁建成，孔子作为人间奎星受到敬仰，文人之治迎来宋朝的文化之兴。再上一年是1017年，天禧元年，赈灾。这年因连年蝗旱，粮食歉收，宋朝诸路出现饥荒。正月，河北、京东、京西等地受灾州、军发放供贸易用的酒糟救济贫民。往上一年，是1016年，祷告。都城开封的郊区闹蝗虫，朝廷安排大臣到玉清昭应宫、景灵宫、会灵观建道场焚香祈祷，祈求神仙显灵，消灾去难，保佑苍生。再往上一年，是1015年，这是北宋真宗大中祥符八年，找个对接符号，这一年，正值26岁风华正茂的范仲淹得中进士，即将开始他的政治与文学生涯，积蓄他"先天下之忧而忧，后天下之乐而乐"的胸怀。再往上一年，就是1014年，这一年北宋战将杨延昭在河北平原他的高阳关路防区驻地辞世。需要说明的是，杨延昭、杨延郎、杨六郎三个名字是一个人。过了20多年，他与赵普、曹彬、狄青等宋朝名相重臣陪葬在河南巩义宋英宗的永厚陵，也算得至高的尊崇了。值此，就可以进入我们的话题。

煌煌大宋，要走进河北平原，我们找到这位当时并不特别显赫的人物，这位后来被唤作杨六郎的边关将领杨延昭，因为后世演义的杨家将故事，频频带出一个神秘符号——三关。千年并不遥远，也不陌生，一切都曾经那么鲜活；流走时间，流不走的是这片永远的土地。泥土永远不会忘记上面有它叠加的经世承载。

可能是被杨家将的故事围绕着，人们一说起三关就想到战争。究其实，宋辽战争也是因领土纠纷而起，宋太宗的两次北征，是谋求燕云十六州的完整，辽军的数次南侵是为了收回关南，也是想保持他们认为的完整。即使澶渊之盟前，辽军深入到中原的澶州，从排兵来看，也没有吞并北宋的意图。

早先对于宋朝的印象过于表象和简单，认为这个朝代总被入侵，多有败绩，然后就是赔偿，总之有些窝囊。后来读史书，读到宋朝，每次都得对这样的印象做调整修正。试想，北宋南宋延续中华史脉文脉三百一十九年，该有多少内容值得我们今天来解读？南宋思想家朱熹曾自豪地说："国朝文明之盛，前世莫及。"未来的世界见不到，他不能妄言，对比前朝各代，强秦霸汉盛唐，多是亮肌肉，论及文明程度则是个综合考量，政治、经济、文化等，多得很，合而为一，朱熹有理由为宋代自信。一千年后，著名学者陈寅恪做着同样的表述："华夏民族之文化，历数千载之演进，造极于赵宋之世。"对于宋代，平和如陈寅恪也没有吝惜赞誉之词，把它说到了极致，一座高峰至此，无人堪登临。

宋代史学家范祖禹参与《资治通鉴》撰写，他负责唐代部分。对于唐宋这两个临近的王朝，他从史学角度看得更清楚。他的一番话代表了宋朝上层决策者的心声："昔者有天下者，莫不以冠带四夷为盛德大业，何哉？"他从古至今做了一番对照后认为："中国之有夷狄，如昼之有夜，阳之有阴，君子之有小人也。中国失政，则四夷交侵。先王所以御之者，亦可得而略闻矣。舜曰：而难任人，变夷率服。又曰：无怠无荒，四夷来王，然则欲其率服，莫若难任人；欲其来王，莫若无怠荒。柔能远通，治内安外，而殊俗之民，向风慕义，不以利诱，不以威胁，而自至矣。欲附者则抚之，不欲者不强致也。"范祖禹说了两点：你国泰民安了，周边民族自会来依附你的，这样就减少了大量人力物力的消耗；同时也要明白，骨子里就拿周边的民族当仇敌，或者老想给人家点小恩小惠，都是不对的。他们虽说是其他民族，也同属中国人。他们和我们一样，懂得趋利避害，懂得爱惜生命，远离死亡。一国之君要像爱护鸟兽草木一样爱护他们。以史为鉴，宋代更多以前朝盛唐为鉴，现在来看，宋朝的一系列决策基本都是沿着这样的思路来谋划的，尤其是对待周边民族，始终小心翼翼地谋求和平共处、图强发展之道，而不再像仇寇一样势不两立。这是国策中最大的矫正，今天的我们，如能基于此种史观来认识当时的宋朝，它会在我们面前展现得更真切些。

《庄子》里讲过这样一个故事，尧把天下让给许由，许由不接受。又让给子州支父，子州支父说："让我来做天子，那还是可以的。不过，我正患有很顽固的病症，正打算认真治一治，没有空闲时间来治天下。"统治天下是地位最高、权力最重的了，却不能因此而妨碍自己的生命。子州支父认为，自己的境界还不够高，他懂得只有忘却天下而无所作为的人，才可以把统治天下的重任托付给他。统治者权力很大，如果一味表现自己，为了青史留名，就可以鼓动庶民冒死去做，就不配做统治者，起码不是好的统治者。

战争是什么？有的说它是个怪物，专门啮噬人的生命；有的说它是魔鬼，隐藏在人的私欲阴暗处。而战争带来的后□，则是人类的自相残杀，文明进程受到破坏与遏制。"大江东去，浪淘尽，千古风流人物。"时间在悄然前行，一切都如过眼云烟。最后的结果是什么呢？无非是"故垒西边……乱石穿空，惊涛拍岸，卷起千堆雪。" 大自然比我们永恒，它不言，也许是无言，任你去回味去反思吧。

我们所知的三关，离传说很近，离真实较远

笔者经常穿行于冀中平原，走在这片广袤的土地上，接触到太多关于杨家将镇守三关的故事，在这里，人人都能说上几段杨家将故事，都会沿着这个概念做着自己的演义，许多村庄也会假托杨六郎、穆桂英来命名。听多了，就把笔者带入一千年前的宋朝，越发让笔者对那段真实往事产生兴趣——透过传说，笔者更在意故事背后的真相。逝□如川，浪花淘尽。今天我们很难想象一千年前该是个什么样子的？越是难以想象，越是充满好奇，就会借助史书留下的点点滴滴的记载，来一次千年穿越。笔者就想，假如生活在那个时代，笔者应该是一介农夫，一个最普通的社会因子，身穿粗布青色短衫，过着简单的日子，每天看着太阳的起落，荷锄下田，施肥耘土，收获些基本能够解决温饱的谷子、高粱，生儿育女，繁衍后代，生生不息。

好在这些年的史料积累，让笔者有了知识储备和逻辑推导，就想循着传说中的杨家将这条根脉，走进扑朔迷离的三关。笔者终于明白，原来千年三关不仅仅是硝烟，更有水天澄碧下的经济往来、文化交流。须

记住一点，任何阴霾在气候上都是短暂的。走进这里的三关，一定不要幻想攀附磊磊怪石高耸的大山，"无山而关"，它是中国关隘史上的一枝奇葩。

笔者还会坚定地认为，三关是扇开启一代王朝的大门，走进它，便会走进那个陌生的宋朝。

三关，史书记载较少，可民间却流传广泛，透过这些传说，历史上究竟发生了什么？这是让我们很好奇的事，因为借助三关，还引出了一位历史名将杨六郎。宋代以后，中原始终受到北方少数民族的袭扰，而吃亏的又常常是自居为华夏文化中心的中原地区的朝政，所以此后就有了许多的民间呼唤，希望有能征惯战的人物出现。很快，数代忠心耿耿的杨家三代，具体说是杨业、杨延昭、杨文广，走进了人们的注意视野，成了一个典型的英雄群体。明清时期我国的小说、演义进入成熟期、兴盛期，他们也因此被写进故事。口口相传，到今天就有了一批歌谣、鼓词、传说，传颂杨家将，人们感觉，这个群体很能根据自己的理解发挥想象力，很有纾解郁结后的酣畅。《状元媒》《穆桂英挂帅》《辕门斩子》《大破天门阵》等，几乎所有杨家将的戏曲与传说故事，都会和一个名字——"三关"联系在一起。"三关"加上杨家将，演义的一个个屡战屡胜的故事，让手无寸铁的百姓过足了瘾。与此同时，"三关"这个特殊符号，在托举着杨家将男男女女的神勇时，也迷离着千年前的真实往事。

而提起"三关"，人们头脑里立马就会有"崇山峻岭""路途遥遥"这类的字眼，笔者倒愿意给有这个念头的人们用个形象的比喻——

牧童遥指杏花村。这话有两层含义：一是觉得三关是此处达境，非常遥远，在大山之间，"云深不知处"；二是这些关隘路途崎岖，怪石磊磊，屏障险要。我们所指的那些传说、戏说、歌谣都是含有这样的背景。如此，千百年的口口相传，足以让人淡出这片历史生发之地，而让头脑里的想象腾起翅膀，与千年走来的历史交织在一起，亦真亦幻，扑朔迷离。

历史就是这样以岁月的方式，给真相蒙上层层迷雾，让我们剪不断，理还乱。它的优势是让历史给传说、戏说、歌谣留足了空间，在这个空间里，我们感觉到民间艺术的韵味。而在这些传说里，我们也无时无刻不在追问，历史上为什么三关如此夺人耳目，它究竟在哪里，又发生了些什么？

历史与现实在笔者的记忆里交织着，久而久之，人们更愿意把这些颇具成长性的演义当作实事来读。这就出现了误差，随着时间的推移，误差越来越大。

在这里，一千年前，中原农耕文明与北方游牧文明曾经碰撞出耀眼的火花。

便是后来看了几出戏，知道了杨家将，知道了佘太君百岁挂帅、知道了穆桂英大破天门阵，知道了四郎探母这些故事，更为故事内外的点滴吸引着。百岁老妇人能够挂帅征战，即使今天也是不可思议的事；一名53岁的巾帼领兵打仗，自然也加入了很多传奇的内容；而边关之上，四郎执意探望母亲的誓言更是亲情爱情纠结时的美丽火花。笔者深知，这一连串故事，在人们的记忆和愿望里已披挂了许多的神秘色彩。拉开了与现实的距离，以艺术的形式迷离着缭绕着我们的新奇。

笔者也是听着这些故事长大，后来，笔者在冀中一带走访了一些实地，又结合历史资料，得出了一些新的证据。大概有许多和笔者一样的读者，记住的是评书里的故事，并往往信以为真。如此而言，那就更有必要走进这段历史了。

宋朝开国皇帝赵匡胤没费一刀一枪，被部下拥戴着黄袍加身，做了皇帝，定都开封。这开封论风水却也不错，龙兴之地。清代学者顾祖禹曾说：宋朝人认为开封背靠燕赵之地，面对江淮沃土，五岳之一的泰山在其左边，古都洛阳在其右边，实在是好地方，为天下的腹地啊。

当然，宋朝人也清醒地认识到，与以前的都城在长安、洛阳有着屏障不同，开封面临着地理环境松散、防守难度较大的问题。北宋时期北方军事防御区主要是河北、河东地区。而河北、河东地区相较，河北尤重，诚如宰相富弼所说，河北一路，为天下根本。这和北宋定都有着很大的关联。所以，由于北宋都城不像从前在山河四固的关中地区，也不在关塞重重的伊洛流域，而是在交通便利却又无险可恃的开封城，那么河北、河东地区就代替陕北、河西成为庇护京畿的最后屏障。

定都开封还有个优势就是水利与漕运，这是选址的重中之重。

面对这样敞开的大门，宋朝只有两条选择：一是收复十六州，形成完整版图；二是彻底击败北部的契丹人，消除隐患。而面对实力强大的契丹，想消灭怕是有相当的难度，所以只能采取下策，强力收复，使燕山成为天然屏障。

一说起这段历史，人们印象中就是连年战争，以及宋朝的频频被动。

所以这里首先要弄清双方有个攻防转换，这和当时形势是相关联的。石敬瑭割让给辽国土地后，直到后周皇帝柴荣才想起收复，却只收回关南地区。这也是双方争执的导火索。到后来，宋太宗主动挑起战争，在占得优势情况下却吃了败仗，激发了辽军的斗志，而后宋朝处于守势。

在这个当年的宋辽边关地区出生、长大的笔者，自小氤氲着三关与杨家将的故事，每个村庄、每片土地都会和它发生关联——一个土台，会说成是杨六郎练兵场；一个村子，会说成是杨六郎披挂上马处；一个小庄，会说成是穆桂英孕产地。虽说于史无凭，而它们却在民间口头代代相传，甚至是添枝加叶，又体现着怎样的一种力量？这些年，笔者坚持在平原上行走，并借助翻阅许多的资料，渐渐地，一个与传说不同的边关面貌，在笔者的脑海里越来越清晰。笔者试图剥开层层谜团，从真实的三关，走进宋辽往事，走进那段纷繁芜杂的历史。

二

塘泺之地起关隘

时过境迁，故垒边关

关隘，一个陌生的、也是令人称奇的语汇。"黄河远上白云间，一片孤城万仞山。羌笛何须怨杨柳，春风不度玉门关。"王之涣眼里的玉门关竟有季节之变；"严关百尺界天西，万里征人驻马蹄。飞阁遥连秦树直，缭垣斜压陇云低。"林则徐眼里的嘉峪关总是被硝烟弥漫；"居庸关上子规啼，饮马流泉落日低。雨雪自飞千嶂外，榆林只隔数峰西。"清代朱彝尊的居庸关更是一片凄寒。冷兵器时代，关隘是鸟飞无迹处，烟云弥散浓，更是让人望而却步的畏途。

从定义来看，关口也称关隘，是指在交通要道设立的防务设施。所谓要道，理想之所就是山区，两山夹起一条窄路，防御起来用兵少而效力大。纵观全国关隘体系，莫不如此。时过境迁，尤其是随着冷兵器时代的结束，关隘这样的字眼离我们越来越远了，似乎还会在小说中出现。我印象中最近的一次是平型关大捷，八路军大胜日本的辎重部队。而在历史上，一个个关隘显得多么重要，它们那么神秘地在视野之外，丰富着人们的想象。渐渐地，在这样的想象里，它远离了史实，而走进文学，走进艺术，走进民俗。

关隘就是险要的关口。今天，我们普遍依据这样的说法："依山筑城，断塞关隘"（《南齐书·萧景先传》）。古代战事频仍，各朝代都会在交通要塞屯兵把守，设置关隘。著名的有北方的嘉峪关、居庸关、紫荆关，南方的剑门关、昭关等，可以说，每个关隘都是一部书，都是一段历史，都有鲜活的故事。很多关隘都伴随一个历史人物留下了英名，比如过昭关的伍子胥、把守雁门关的杨业、驻守黄崖关的戚继光、镇守三关的杨六郎。

按照定义分解，关隘大致有两个功能：一是为了军事防御和控制交通；二是征收关税的重要设施。当然，更多的还是军事防御功能。纵观历史脉络，可以看出山的屏障作用为关隘的产生提供了先决条件。比如燕山中的居庸关，北太行山的雁门关，剑门山脉的剑门关，等等。

关隘都会依据自然环境具有的易守难攻的优势，在狭窄、地势险要处设障，便于检查和封锁。这样崎岖陡峭的山区就更具备这样的先天条件，所以古代也出现了许多关口，在漫长的年代，都起着阻止兵马和辎重车辆行进的作用。

甚至可以说，许多关隘，会影响历史的进程，是地方文化的重要符号。比如宋代发生在涿州西部拒马河岸的岐沟关之战，由于曹彬的部队大败，导致了宋太宗"雍熙北伐"计划破产，使整个收复燕云十六州的规划落空。明末清初大思想家王夫之在《宋论》中就这样评价此次战争："岐沟之蹶，终宋不振。"戎马一生的曹彬，坏了自己的名声事小，耽误了大宋的宏图大业事大。

可以想见，在古代，历经数千年冷兵器时代，关隘既能阻断骑兵，也能阻隔步兵的侵袭，有"一夫当关万夫莫开"之效，从而起到了很强的防御作用。关隘一直有着很强的生命力。

河北平原的关隘又是怎样的呢？中国古代四大小说名著之一《水浒传》中，在第八十五回《宋公明夜度益津关，吴学究智取文安县》，施耐庵对于这一地区写有这样一段文字："俺这里紧靠霸州，有两个隘口：一个唤做益津关，两边都是险峻高山，中间只一条驿路；一个是文安县，两面都是恶山，过的关口，便是县治。这两座去处，是霸州两扇大门。"小说着力写这一带的陡峭高远，道路狭窄，难于出入，让人望而却步。这段文字提供的信息：一是霸州、文安在宋代由于地处边境，已广有影响；二是作者显然没有来过这里，他提供的文安、霸州、益津关几个地名的方位是与实际有很大出入的；三是作家试图描写这一带地势的凶险，把这里说成崇山峻岭的地方，小说与事实有较大出入。其实，作家所写的霸州、文安就处在河北平原上，河北平原一马平川，当然没有山，今天看来只能把它作小说来读。可细细想，为什么施耐庵要借用这几个地名符号？在宋朝，地处边关的这里显然需要我们做一番梳理。

形成错觉的何止施耐庵，后来的戏曲、演义、鼓词只要一提到三关，都会首先想到崇山峻岭，甚至生活在如今三关一带的人们，也被搞得莫衷一是。我们只有贴近历史记忆，慢慢走近。

这里自然没有山的踪迹，远不是戏曲里崇山峻岭那样奇幻幽深。如果看到大山，往西二百里就是燕下都倚恃的苍茫太行山；往北二百里就是巍峨耸立的古燕山，渐渐培育起北京湾，山环水绕，后来成为龙兴之地。太行山、燕山拱起的这片平原逐渐铺展到冀中，延伸向四方。

如果按照传统意义上说，关隘多在山区，显然并不全面，纵观历史，这特例就是在平原上有过许多关隘存在。所以我们得出的结论是，河北的关隘是中国防御史上的一枝奇葩。它虽不是"一夫当关万夫莫开"，也是特定时期的产物。那么，平原上的关隘又是怎么产生的呢？我们需要打开多段历史深层的记忆。

自古低洼，塘泺纵横

有谁看到过河水泛滥冲积出一个大平原？笔者脚下的土地就是。冀中自古乃华北地区的洼地，现在多在海拔四五米，从前就更低了。这里多沼泽、水草，后来慢慢地淤成为平原，一马平川，开阔无比，位列全国第二大平原。究其原因，作为冲积扇平原，历史上这里属于黄河泛区，后来海河流域的各条河流洪水泛滥、改道，淤堆而形成。此地号称九河下梢，西山（太行山）倾下的水流在这里形成了许多河流湖泊，"因陂泽之地，潴水为塞"，壅塞九河的徐、鲍、沙、唐等河流，形成众多水泊，河泊相连，赫然构成一条时断时续的东西水域。这水域，在战时就是一道天然防线。

最近有资料考证，河北平原中部以东，作为诸河下泻入海必经之地，最晚到东汉时期，黄河从河南沿着太行山东麓大峡谷，在保定的徐水一带折向东，经过冀中平原然后汇入渤海。在战国中期，黄河下游还没有全面修筑堤防，河道决溢频繁，迁徙游荡无定，留下的废河床、牛轭湖和岗间洼地，为淀塘的形成提供了条件。近年一些地方的考古，发现了生活在温暖湿润沼泽环境下的四不像麋鹿鹿角，说明这里经历了巨大的环境变迁。在霸州博物馆，展出一个在信安镇砖厂挖掘的大角鹿鹿角化石，时间是距今一万年，可以想见这只大鹿有多么的健硕。这些也从另一个侧面说明，这一带曾经沼泽密布、洼地连片，多是芦苇和番蒲等水生植物，才引来大型动物的繁衍。据说，信安镇曾在地下十二米处挖出莲子和莲叶之类，这些莲子外形完整光滑，内部肉质和莲心没有腐变，是真正的古莲子。

河流多，地势低洼，太行山的水顺河流下，聚集到这里，形成了众多的淀洼与河流。也形成了一道天然屏障。早先都城多在陕西的长安，河南开封、洛阳一带，历史上河北地区长期处于偏远地区，秦末陈胜起义就因戍守渔阳延误时限；唐代白居易《长恨歌》的诗句"渔阳鼙鼓动地来，惊破霓裳羽衣曲"都体现这里远离都城，显然这一带人口并不多。那么，如此开阔的地方做什么呢？古代人们发展经济比较简单，那就是靠山吃山，靠水吃水，对这低洼地区的泽薮，人们看重了水生动植物的经济价值，多是从事采集和渔猎。殊不知，这里还有一个大用处，这些泽薮往往是游猎的理想场所，各朝代的帝王、诸侯常常拿出时间，成群结队做一番逍遥游。翻看历史，可知冀中地区自古就是地势低洼地带，人烟稀少，动物成群出没，地势低湿，是麋鹿、野兔等食草动物的天堂，伴随的食物链是狐狸、猎鹰之类的繁衍追逐，成了王侯狩猎的好地方。史书有这样的记载，公元前509年，魏献子田猎于河北的大陆泽、大野泽、空泽；公元前522年，齐侯田猎于沛泽等。

就目前发现的遗迹看，燕国多次在与赵国、齐国交界处大规模地修筑长城堤。所以称长城堤，是这些防御要充分利用河道走势，加以筑高加固，很符合平原地区的特色，而不像山里的城墙那样用石块垒砌。水才是重大课题，据记载，公元前4世纪中叶这些河道全面筑堤以后，至公元前2世纪西汉初年，河道改徙有所控制，可自西汉文帝一二年至汉末近二百年里，河患又开始剧烈，共发生过十次较大决口，互次造成改道，平均每二十年一次。人算不如天算，一边是统治者要牢固的江山，一边又不得不面对洪水的肆虐。今天来看，千年往事，旧迹难寻。

有个大家知道的成语叫"图穷匕见"，说的是战国末年秦军打到太行山一带，燕太子丹病急乱投医，想出灭掉头号劲敌秦始皇的主意。于是选派荆轲带着使命去刺杀秦王，而想靠近秦王，就得有让秦王感兴趣的信物，太子丹思来想去，只有以最舍不得的督亢地区进献，才能挠到秦王的痒痒处，荆轲才好在地图里夹带匕首，好寻机行刺秦王。自然，这项计划失败了。史载，这让秦王垂涎的督亢一带是"膏腴之地"，可知，这对于生活在干旱少雨地区的秦始皇有着多么大的吸引力。督亢的范围包括今天的河北涿州、固安、高碑店、定兴以及安次西部，位于白沟河以北的桑干河冲积平原上，确是燕国最富饶的水利灌溉区。南北朝时期的大地理学家郦道元是涿州人，他对于家乡这片土地不会陌生，他撰写《水经注》时这里还存在众多大大小小的湖泊、沼泽、洼地，知名的有雍奴薮、夏谦泽、督亢陂等。

近点说，我们还能依稀看到浩瀚之水的痕迹。霸州市堂二里一带如今是一马平川，人们靠耕种生活。它的得名是由于周边是水，中间有两个土台子，可见以前水占据着主要位置。它的东部是三角淀，包括安次南部和武清一带，如今早已变成土地，甚至成了缺水的地方，真是沧海桑田。胜芳西部、南部是东淀，由于20世纪60年代后，人们在"战天斗地"的口号声中治理海河，改变了原来的生态环境，使得以前广为流传的"南游苏杭，北游胜芳"，吸引康熙、乾隆皇帝多次游历的水乡盛景成为了昨天的故事。再往南就是文安洼，洼地还在，如今已没水。往西是西淀，即现在的白洋淀，成了偌大水乡无数淀洼的遗迹仅存。从这方面说，白洋淀就是个冀中地区的水乡博物馆，须知以前这个河北中部都是这样的格局。

再说河流，据记载，历史上这里有拒马河、白沟河、南易水、唐河、徐、鲍、沙等，你方谢幕我登场，每一条河流都在不同时代上演了不凡故事。后来由于改道和变迁，我们今天还可见到牤牛河、大清河、永定河、子牙河等。

在冀中，人们把白洋淀叫作西淀，顾名思义，还有东淀。东淀是相对西淀而言，两淀都是大小水泊的统称。西淀以白洋淀为首，东淀则以胜芳淀最大。明末清初还没有东、西之名，"东淀"即以"胜芳淀"称呼。据了解，"东淀"一名到清代才有，《清史稿卷五十四》载："大清河自雄入，曰玉带河，迳张青口，口西西淀，东东淀，乾隆二十八年界之。"明清之后，东淀边逐渐发育出一座大镇胜芳，享有水乡繁华数百年。直到1963年的根治海河，水被上游水库截留，这里的水乡风貌渐渐淡去。就好像眼前一个不大的水池，用土来掩埋，水就会溢到别的地方。

胜芳镇历史上一直归文安县管辖，对于这个大淀的水，县志多有记载。《文安县志》说："南河滹沱、浊漳二水，其浑浊迅疾与黄河类。每遇沸腾，即溢于河间东之古盐河，经大城东南，又折而东北，循子牙旧河乱流而趋于文安之胜芳淀。"又载："自东安、永清至邑之胜芳淀，均受永定河水患。"从文字来看，供应东淀（胜芳淀）的水南部可以承接滹沱河、浊漳河的水，西北有大清河诸水汇入，西北还有永定河等河流的汇入，水源十分充足。

《文安县水利志》说到了东淀的具体范围："原东淀周边，北缘约在今永清县里澜城、武清县王庆坨以南。南缘约在静海县贾口、王口和文安县滩里、左各庄及霸州任庄子附近。西缘在文安县苏桥、霸州台山一线。东缘在天津市。"要知道当时的东淀周边还有鄑桥淀、信安淀、堂二淀、辛章淀等小淀，如果再加上西边的白洋淀的诸淀，整个冀中真可谓泽国一片。那时的白沟河下游自今天的白沟镇折东经霸县北、信安镇北，东流至天津入海。当然，这种境况并非古已有之，有着显著的时代性特点，尤其是宋代，战争频仍，出于防御的考量，此时多是人工开挖、援引形成，显示着一些淀洼的短暂性。

这一远一近的冀中地区地形走势，可以看出一千年前的宋代，这里正值水势旺盛。这条宋辽界河白沟河也是命运多舛，因为西北而来的永定河南徙带来大量泥沙，到明代中叶故道已经淤平，附近的地表径流便汇集于界河南侧的低洼地带。故此，自宋朝末年以来已经淤废的淀泊原地，又形成了许多新的淀泊。那时的白洋淀仅是高阳和雄县之间很小的湖泊，而明代中期以后白洋淀扩大了好几倍。

现有白洋淀一带大小淀泊143个，其中以白洋淀、烧车淀、羊角淀、池鱼淀、后塘淀等较大，总称白洋淀。所以，我们在宋代史书上还看不到白洋淀的名字，也就在情理中了。这样看来，如今的白洋淀不仅仅是自然风光的湖泊，在历史观照下，它又是华北、河北乃至冀中地区地势变化的一个缩影，随着1963年那次大规模根治海河，胜芳一带的东淀之水的消失，白洋淀就成了华北地区为数不多的"水域活化石"，彰显着其历史价值。

水的态势构成了河北平原的基本地质特色，与之相应的，一切历史的发展脉络、故事都会围绕水书写文章。

各种演义里，说到三关必关联着山，那么，这片在后来的演义里带有神秘色彩的地方，地形除了低洼平缓，就没有一点变化吗？回答还是有的，当然不是一望无际那样的平坦。史载这里确有零落的山。当然冀中平原的山，并不是那种石头山，而是土山。说是山，其实就是一个个高高的土岗。20世纪70年代，笔者那时还小，就参加过生产队的平整地平面，老师叫我们小学生写诗歌，我也跟着喊口号：方官堤上战歌声，县委指示把堤平，大车小辆齐出动，工民个个把堤整。我们就这样挥洒着汗水，把所见的乱岗、深沟、杂树、荒滩整平了。这是我仅见的冀中土岗，如今，这种土岗也没有了。

这给我们一点启示，上溯到从前，就是这里地形一定是很复杂的。面对这样迅速的变迁，如果我们一味按照今天的地理环境对接一千年前，肯定是个误区。

查阅丰富翔实的明清史料，让我们得以见到霸州一段历史时期的大致轮廓。在明代至清代中期以前，霸州确实有几座小土山，较大的有三座：莫金山、雁头山、南山。明代嘉靖《霸州志》记载：莫金山：在州城南十八里，今仅存土坡。雁头山：在州城东南二十五里，多鸿雁栖集，故名。南山：在州东七十里，乔松翠竹，周匝十数里，内有亭台。

随着时间的推移，这些山已减小消失。到清代光绪年间，《光绪顺天府志·山川志》记载："霸州：无山，旧有南山、台山、莫金山、雁头山。"至民国二十三年的《霸县新志》中，对莫金山、雁头山、南山的记载，只是以"今存土坡、以地势高故谓之山云。今废"。

积土成山，风雨兴焉。想当年这些小土山绿树成荫，群鸟翔集，一场雨后，雾气蒙蒙，于视野迷离中，不见鸟飞，只听鸟鸣，远远近近，此起彼伏，蔚为壮观。虽说自明朝以后，这些所谓的山就消失殆尽了，可在人们日后的口口相传里，经过添枝加叶，一定会是一片任人描绘的神奇之地。这里说的还是地貌，至于人文历史变迁要更为复杂了。

关隘奇葩，冀中安家

冀中的关隘又是从何时、在什么情况下出现的呢？

冀中的关隘确有着复杂的历史背景。我们知道平原地区不像山里，在狭窄紧要处设防就能达到"万夫莫开"的御敌目的。平原的屏障就是水，它的产生则源于特殊背景。由于特殊背景，冀中最早出现关隘是在唐末。朝廷发现，这些沟沟坎坎、淀洼纵横的水域不仅有鱼虾、荷苇之类的水产，还能设障派兵驻防。

这要从那场险些颠覆唐王朝的事变说起，这就是声势浩大的"安史之乱"。

唐朝末年，震惊全国的"安史之乱"由安禄山与史思明发动，这是一场同中央政权争夺统治权的战争，也是唐朝由盛而衰的转折点。无独有偶，后来的明成祖朱棣又是在这一带起兵，直达明朝都城南京，夺取了侄子的王位。一个失败，一个成功，都在中国发展史上扮演着重要角色。这里我们要说到历史上的一个地域，就是今天的北京一带。唐天宝元年（742）幽州涿郡改置幽州范阳郡，治所在蓟县，辖境约在今天的河北怀安、高碑店以东，抚宁、昌黎以西，霸州、天津以北的广大地区。原来的幽州节度使更名为范阳节度使。

755年，唐朝将领范阳、平卢、河东三镇节度使安禄山联合史思明背叛唐朝自范阳发动战争，他的这支部队能征惯战，无所畏惧，长驱直入，直到拿下了长安城，临时坐上皇帝宝座。这场对于一个王朝来说的灾难，历经八年，削弱了摧毁了封建集权，出现了藩镇割据的分裂局面，唐王朝自盛而衰。这样的结果使伤痕累累的唐朝廷开始格外警惕这片偏远的地方。

从版图看，这里大致也是后来的燕云十六州地区，这片地区扮演着南可直抵中原、北可进逼蒙古大草原的角色，形成了踏板格局，地理位置十分突出。历朝历代都是中原汉族政权抗击北方游牧民族的前沿阵地。

安史之乱平复后，苟延残喘的唐朝廷对于这些从天而降、远在北地的叛军不得不严加防范。可是，怎么个防范法呢？思来想去，为了预防北方再起祸端，他们注意到了冀中的这片浩大的浅水，于是开始在冀中一带设立若干关口，派军队驻防，起到通风报信的作用。就有了岐沟关、瓦桥关、益津关、淤口关等关口，都选在河岔或者淀洼边陆地狭窄处，水的屏障作用十分明显。挺搞笑的是，这些有病乱投医的并不处在边塞的关隘，并没有派上大用场，而是平静地伴随唐朝度过了一百五十多年，久而久之部队基础设施出现了破旧，驻防形同虚设。

事情就是这样戏剧性，如果不是改朝换代，也许这些关口将自生自灭。可事实是这些冀中关隘还有重要角色上演呢。从五代十国时期开始，多个朝代选择定都中原的开封，冀中关隘不再是可有可无了。而后的大一统的宋朝继续把开封作为都城，这时的北方契丹人已经壮大活跃起来。清代学者顾祖禹给出的解释是，宋朝人认为开封背靠燕赵之地，面对江淮沃土，五岳之一的泰山在其左边，古都洛阳在其右边，实在是好地方，为天下的腹地啊。

当然，宋朝人也清醒地认识到，此时燕云十六州已经被前朝后晋皇帝石敬瑭划给了契丹，从前的燕山屏障被打开了缺口，所以开封的位置也不是十全十美，与以前的都城在长安、洛阳有着天然的屏障相比，它面临着地理环境松散、防守难度较大的问题。河北的战略意义显得格外重要了。

对于强大的契丹控制着的燕云十六州，宋朝朝野普遍认为构成了严重威胁，如鲠在喉。大臣吕中的言论代表了一大批人的态度："燕蓟不收，则河北不固；河北不固，则河南不可高枕而卧。"只是在破解这样的课题时，如果使用战争手段，对于自身力量的评估要到位。这时的辽国已处在强盛时期，宋朝只知道收复的重要，却未必具备相应的能力。后来的局势，显然是对彼此实力误判的结果。历史的走向是，在这样的判断下，宋朝与辽国裹进了长达数十年的战争。既然深陷战争泥潭，只得将错就错走下去，开弓没有回头箭。

　　至此，这些唐代基本没有起到作用的冀中关隘，自后晋石敬瑭割让十六州起，便引燃了导火索，之后的后周和大宋纷纷以此为踏板，主动挑起与契丹人的争端，以冀中三关一带为中线，进行了势均力敌的拔河大赛。

三

几位皇帝的战争

甘当"儿皇帝"，领土起争议

三关在燕云十六州里，分别归属莫州和涿州。后周之前，三关之地的雄州、霸州还没有设置，故此三关仅仅占据一个小份额，地理位置居于十六州的南端。那么为什么它又被扯进来呢？这根源还得从那位"儿皇帝"石敬瑭说起。

"强弩之末势不能穿鲁缟"，盛极一时的唐朝，到了末年显得风雨飘摇。907年，随着梁王朱温废唐哀帝，盛极一时的唐王朝宣告退出历史舞台。而由于军阀割据，历史进入短暂的五代十国时期。这50多年里，中原地区的政权就有五次更迭，每朝多则十几年，少则三四年。这其中就有建立了后晋的石敬瑭。

说到这位石敬瑭，史书无一例外地大加鞭挞，笔者以为个中缘由是站在中原文化主导者的角度，历代史家都是把汉民族文化当作主线，其他的都是分枝侧叶。殊不知辽国同属于中国版图，往事越千年，我们尽可能在历史站位中客观地看待石敬瑭。后唐大将石敬瑭以驸马兼功臣，逐年升迁，他的职责是负责抵御契丹南下，后被封为耀忠匡定保节功臣。随着职务和势力的增长，石敬瑭开始拥兵自重，趁着与后唐朝廷的矛盾，私下与契丹人有些交往，正是他和契丹人做了一笔"土地换皇帝"、牺牲一个朝代的利益换取一己私利的交易。

起因是这样的，后唐末帝李从珂继位之后，对河东节度使石敬瑭猜疑很大，想削弱他的兵力，这触动了石敬瑭的神经。936年，石敬瑭起兵反唐，可是很快地后唐军兵围石敬瑭防区太原，处于劣势的石敬瑭冥思苦想之后，决定向辽国求援。交换条件自然必须丰厚，他决定拿出燕云十六州献给辽国。

作为生存之道，石敬瑭主动当契丹人的"儿皇帝"，甘做它的附庸，屈尊做晚辈。再看岁数，契丹太宗皇帝耶律德光生于902年，石敬瑭生于892年，石敬瑭比耶律德光大整整十岁。这项交易只有一个前提条件，要契丹保证他当上皇帝，并要在受到侵犯时保护他。这也是他备受后人斥责之处。可作为军阀的石敬瑭感觉要想自保，只有这一条路可走。

其实，在石敬瑭身边还是有不同声音的。当听说要用土地作为交换条件，连石敬瑭的亲信刘知远也惊出了一身冷汗，六住地表示反对：不要割舍给辽国土地，不然的话日后会成为中原的祸患。作为部下，刘知远说得较为有策略，他只说石敬瑭眼前的隐患。今天来看，刘知远说对了一半，他忘记了一点，这既是朝廷的利益，也是百姓的利益。他更不能预测石敬瑭之后的朝代局势。割让土地，尽管历史上屡有发生，是无奈之举，但丧失主权，历来为人不齿。到了宋代，苏洵《六国论》说到六国败亡的原因，也是告诫宋朝廷，就包括割地，"今日割五城，明日割十城，然后得一夕安寝。起视四境，而秦兵又至矣。然则诸侯之地有限，暴秦之欲无厌，奉之弥繁，侵之愈急"。他还打个比喻，"以地事秦，犹抱薪救火，薪不尽，火不灭"。

久居高原大漠的辽国早就觊觎中原，他们喜欢这旦的物产和文化，得到石敬瑭的表白，对于这个天上掉馅饼的好事自是高兴无比，终于为出兵找到了借口，于是派军队援助石敬瑭。一切按照预定进行，石敬瑭如愿称帝，很快兑现了自己的承诺，割让北方的燕云十六州给辽国。就这样，包括"三关"在内的大片地区奉送给了辽国。十六州是：幽（今北京市）、蓟（今天津蓟县）、瀛（今河北河间）、莫（今河北任丘）、涿（今河北涿州）、檀（今北京密云）、顺（今北京顺义）、新（今河北涿鹿）、妫（今北京怀来）、儒（今北京延庆）、武（今河北宣化）、蔚（今山西灵丘）、云（今山西大同）、应（今山西应县）、寰（今山西朔县东马邑镇）、朔（今山西朔县）。石敬瑭再每年进奉帛三十万匹。而得到如此多实惠的辽国皇帝耶律德光的册文也毫不客气，显出一副兴奋的样子："余视尔若子，尔待予犹父……旗一麾而弃甲平山，鼓三作而僵尸遍野……数在尔躬，是用命尔当践皇极……朕永与为父子之邦，保山河之誓。"此时，契丹人也做着美梦，幻想今后与中原的"百年好合"，岂不是一劳永逸的好事。

可以看出，此后在辽国与中原的关系中，一直有着居高临下的姿态。这个姿态的支撑，就是有强大的军力为保证。

燕云十六州就是今天的北京、天津、河北北部和山西东北部的广大地区，有人做个计算，面积是十二万平方公里，相当于今天的多半个河北省。还有燕山和太行山的天然阻隔，也有冀中的水域屏障，这本来是北方的天然防线，历来是兵家必争之地。把这一带割让给契丹，等于中原地区这些屏障尽失，辽人的铁骑可以长驱直入。

还有一个疑问，为什么十六州南端以河北平原中部的瀛州为界？

史料没有更多记述，我只好做三个推测：一是契丹人狮子大开口索要的底线；二是石敬瑭主动表达诚意的最大限度；三是这里正好跨过三关一带的冀中水域。总之，这样的划界肯定考虑到了三关的因素。

果然，燕云十六州日后成为辽南下掠夺中原的踏板，擅长骑马驰骋的游牧民族的军队可以轻易越过作为屏障的燕山，包括三关在内的河北中部关口不再具有防御功能。更为严重的是，中原大地敞开了一扇北大门，时时威胁着国家安全。

我们常说，历史不能假设，历史就是事实。可是我们还是想做个推断，假如这种关系得到维系，契丹人会满足吗？如果大兵南下又会怎样？无非是几种可能，一是剿灭中原王朝；二是得到部分土地；三是就像我们此后看到的，在三关一线成为最后的阻隔和分界。显然，不管走向如何，冀中的屏障作用是显而易见的。我们看宋真宗时期，三关本来不是界线，可对善于骑兵作战的辽军来说，水域浅滩还是很难逾越的障碍。

话说回来，既然后晋与辽达成了这么美妙的默契，一个得地盘，一个当皇帝，长此以往，不是很好？事实并不是这样。消停一段后，942年，饱受指责的石敬瑭病亡。石敬瑭的养子石重贵继位。石重贵早就对这个既当孙子，又做臣下的约定心有不甘，试图策略性做些改变。于是，他在大臣的建议下向辽国提出，以后向契丹只称"孙"，不再称臣。这话的意思是，论私家关系，自己辈分小点就可以了，我大晋朝和辽国是平等关系，不能作为臣属啊。他的用意是试图改变对契丹的依附关系。

　　石重贵说这话之前，肯定会推测后果，一是契丹人部分接受，再就是引火烧身。果然，覆水难收，肌肉强劲的契丹人对于这种试图打破约定的行为"零容忍"。作为对于石重贵的答复，就是辽军很快就挥兵南下。石重贵不敢怠慢，亲率大军迎击，也颇有战绩，正当几番战役告捷时，由于后晋大将投降辽国，釜底抽薪，本来立足未稳的后晋被灭掉，石重贵也做了俘虏。我们无法揣摩石重贵的心理，不知此时这位石重贵对于自己的决策是义无反顾，还是懊悔，如果以自保为根本，显然他能够延续帝王梦的。不论怎样，石重贵的抗击与他义父石敬瑭见利忘义相比，还是悲壮的，是让人敬重的。

　　到了中原五代最后一个王朝，就是后周。十六州的课题依然摆在眼前。

　　所以，我们看到，冀中三关连同这片水域，始终没有移出历史视野，它始终成为不可忽略的所在，重要意义却在不断凸显。宋代有位大臣名叫钱若水，他的观点一语中的。钱若水出生于960年，正好是赵匡胤陈桥兵变、黄袍加身那年，卒于1003年，就是宋辽澶渊之盟签署前一年，只享年44岁。宋真宗继位后不久，宋辽关系又有所紧张，公元1000年真宗第一次亲征时，到了河北南部大名府，为将士鼓劲加油，随从人员里就有这位钱若水。钱若水抓住这个时机，阐述自己对于御敌安边策略的看法，特别强调三关的价值："自晋祖（石敬瑭）割地之后，朝廷自定州西山，东至沧海，千里之地，皆须应敌。是以设三关，分重兵以镇之。其间少失堤防，则戎人内侵。"

　　钱若水认为，以前边境在燕山北部的幽州、蓟州一线，如今界限南移，就到了河北平原，之后不得不在三关一带重兵把守，防御压力要多大有多大。

在今天看来，石敬瑭干出割地的事让人不可理喻，如果放在五代时期，就再正常不过了。那么当时又是一种怎样的社会状况呢？中原的五代时期，社会动荡，战事频仍，政策朝令夕改，人们都被利益驱使，道义就没有了立足之地。欧阳修就曾说，五代真是混乱之极，臣子谋杀君主，儿子谋害老子，士大夫满足于保住位子，好得到俸禄，没有廉耻感的人占据了上风。世风盛衰，自然就关系到国家的前途命运。此时，朝代变更频繁，人人求得自保，眼前的利益可以高过一切，屡屡突破道德底线与法理底线。在这样的背景下，石敬瑭为了生存自保而割地求荣就有了丰厚的培基。风流人物俱往矣，匆匆过客更是一闪即逝。时过境迁，这样的卑躬屈膝，不顾道义，自然要被后人耻笑。

我们再设想，辽国即使没有燕云十六州，还有辽西辽东农业区，有渤海的农业区，以及潢水地区都有一定农业，契丹的政府组织已经完善，而得到了燕云十六州后，刺激了北方人向中原抵进的更大欲望。反之，如果像宋徽宗时期的状况，就算之前长期占据燕云十六州，就能挡得住契丹人大举南下吗？显然，有了实力才有话语权。五代到北宋，纵观拉锯战情况，契丹人之所以每每挥师南侵，除了军事，还有强大财力的支撑。

那么，这时的契丹有多强大？契丹族发源于辽河流域，世代逐水草而居。公元914年，其首领耶律阿保机统一了契丹各部落，他认真听取汉人韩延徽的谋略，仿照中原制度，统一高原各部落后，建立了契丹历史上从未有过的强大帝国。契丹的本意是"镔铁"，也就是坚固的意思，显现着他们的意志。阿保机吞灭渤海国时，统治区域达五千公里，拥兵数十万，设五座首府，十五个地方府级政权。与此同时，中原地区正是梁唐晋汉周五代各个短命军事王朝的相争时期，都在求得自保，根本无暇顾及对于外族的防御，某种程度上眼看着辽国壮大崛起。石敬瑭为了称帝，竟以出卖燕云十六州为代价，向契丹求得军事援助。接管燕云十六州后，契丹的国力得到了空前的壮大。这是一个生长在北方草原上的剽悍勇猛的民族，他们兵强马壮，骁勇善战。他们所建立的大辽王朝在中国北部持续存在了200多年，最强盛时期，曾经雄霸中国半壁江山。此消彼长，给了契丹人在历史舞台崭露头角的机会。

柴荣到此，抱憾南归

按说，三关在燕云十六州里边，南边有莫州、瀛州，北部有幽州、蓟州等其他各州，怎么就轮到这三个关隘线粉墨登场了呢？

这里必须提到一个昙花一现的人物，他就是后周世宗皇帝柴荣。

柴荣从小因谨慎笃厚被姑父郭威收为养子。史载他"器貌英奇，善骑射，略通书史黄老，性沉重寡言"。柴荣又有才又有貌，性格还不张狂，的确是个帅才。再看考验期，郭威建立后周，委任柴荣治理澶州，同样很有建树。故此，954年郭威故去后，柴荣没有悬念地继承了皇位。

此时，笔者想起一部戏，名字叫"状元媒"，讲的是杨延昭和柴郡主的爱情故事。背景却耐人寻味，说宋太宗赵光义率郡主柴媚春到边关射猎，被辽将擒住。正好杨延昭在潼台经过，救回宋太宗及郡主。大臣傅龙之子傅丁奎也正赶来，宋王误以为是傅丁奎救驾，答应将柴郡主许配给傅丁奎。其实，这都是杨延昭救助的功劳，柴郡主爱慕杨延昭英俊勇敢，还曾赠诗寄意。一番周折后，八贤王与新科状元吕蒙正解破诗意，奏知宋王。有段唱词寓意更为丰富：

> 自那日与六郎阵前相见，
>
> 行不安坐不宁情态缠绵，
>
> 在潼台，被贼擒性命好险，
>
> 乱军中，多亏他救我回还。
>
> 这桩事，闷得我，柔肠百转，
>
> 不知道他与我是不是一般？
>
>
> 百姓们闺房乐如花美眷，
>
> 帝王家，深宫怨似水流年，
>
> 幸喜的，珍珠衫称心如意，
>
> 宋天子，主婚姻此事成全，
>
> 但愿得，令公令婆别无意见，
>
> 但愿得，杨六郎心如石坚，

但愿得，状元媒月老引线

——

戏曲借用了好几个历史人物，太宗赵光义、杨六郎（杨延昭）、吕蒙正，抛开戏曲虚构的成分，这段唱词的背景还是很耐人寻味的。戏曲假托这位历史上不可考的柴郡主，她的父亲就是后周皇帝柴荣。

万事都有个缘由，后来的三关走向，究竟和这位柴荣的举措有什么密切关系呢？柴荣的英明之举是，他发兵前就感觉到冀中地区虚空，是个防御上的大漏洞，所以北征的首要任务就是在唐末留下的冀中残破关隘处建造新城。发展人口某种程度就是加强防务，这是柴荣的智慧。

我们梳理下这段历史脉络。后周皇帝柴荣短命，在冀中亲征辽军时莫名染病暴毙。才有了禁军头领、殿前都点检赵匡胤自导自演的陈桥兵变，黄袍加身，不费一枪一弹，就开启了大宋王朝。大概赵匡胤不想留下骂名，他对待柴荣家眷优厚有加，各种待遇不变，也包含着对于先王柴荣的尊崇。《状元媒》虽是一部戏，故事都是虚构，但所体现的宋朝与后周的亲密关系确是事实。

柴荣在位时很有作为，他在开封称帝后，显示着他的雄才大略，对内治理安定后，他认为要想长治久安，必须铲除北方的心腹之患，用武力从势头正盛的契丹人手中收回被石敬瑭拱手相送的燕云十六州。

和强大的辽军作战，前车之鉴就是后晋亡国之君石重贵，这是招妙棋，也是招险棋。说是妙棋，可以稳定民心，消除北方隐患；说是险棋，越是前朝遗留的难题，越具有挑战性，可以化解许多治理当中的问题，可这种主动进攻，弄不好就会身败名裂。此时，风华正茂、才气逼人的柴荣却对于收复十六州信心满满，他多次合十后都是胜算。有次，他和左谏议大夫王朴谈心："朕当得几年？"精究术数的王朴走上前毕恭毕敬地答道："臣固陋，辄以所学推之，三十年后非所知也。"意思是，三十年内肯定会有一番大作为的。柴荣眼睛亮亮的，听后十分欣喜，表露着他的三十年大计："若如卿所言，朕当以十年开拓天下，十年养百姓，十年致太平足矣！"这里，他的第一个十年计划就是开疆拓土，平定天下。为实现这一宏伟目标，柴荣励精图治，锐意改革，南征北战，在他五年多的统治期间，结束了五代十国时期四分五裂的割据局面。

这时，让他寝食不安的十六州问题日益摆上日程表，开始进行军事部署，筹集粮草，调集军队，训练水军骑兵，策动大规模北伐。他委任韩通为陆路都部署，赵匡胤为水路都部署。由于士气旺盛，领兵水陆俱下，所向披靡。柴荣随军出征。路线是自东南山东沧州方向进军，经独流口（今天津静海北），转兵沿着河流西进，顺利抵达冀中平原。赵匡胤率军进至瓦桥关（今河北雄县西南），韩通进至淤口关（今霸州市信安镇）。由于这些地方归入辽国不久，城防很是松弛，人心不稳，并没有遇到预想的那种激烈鏖战。刚到益津关（今霸州市），契丹守将终廷晖就献出城池投降；到瓦桥关，守将姚内斌献城投降；莫州刺史刘楚信放弃整个州投降。这时，最南的瀛州陷入包围之中，五月，瀛州刺史高彦晖献出城池归顺。至此，三关以南全部收复，这次出师仅用了四十二天，以极小的代价，连收三关三州十七个县。在这里的白沟河一线时，柴荣稍作休整，以图继续前进。

在这里，柴荣要实施他的计划，就是由关建城。按照《新五代史·周世宗纪》记载，"（显德）六年（959）夏四月，取益津关，以为霸州。癸卯，取瓦桥关，以为雄州。"在这里，宋代徐无党标注："世宗下三关，瓦桥、益津以建州及见，淤口关止置寨，故旧史、实录皆阙不书。"这里就说到了淤口关。此时，三关最东部的淤口关没有改成州，而是设置为寨，名为淤口寨。过了22年，也就是981年，由于此地属于军事要塞，宋朝就升格此处为破虏军。而在宋辽澶渊之盟签订后，要去掉这种蔑视性称呼，又改为信安军。至此，信安之名沿用至今，历史变迁中，信安现为霸州市所辖镇。

从这里，我们就看出柴荣不仅是军事家，也是政治家、战略家。这次把瓦桥关改名雄州、益津关改名霸州、淤口关改名破虏寨，含义重大，这里以前归属莫州、涿州，他看中了冀中一带的水势，要借此为跳板，引入人丁，蓄势而进。同时，从命名看出对契丹人展示"雄霸"之姿，要踏破胡虏的阵营，显示出一种箭在弦上，不得不发的豪情。这豪情古往今来少有人具备：毕生指点江山的秦皇汉武有，呕心沥血统一北方的曹操有，柴荣相信自己也有。这是时代留给他的大任，不能辜负了此生时光。此时的柴荣望着收复的冀中大地踌躇满志，意气风发。

沿着白沟河行走，几个关口一字排开。如今，这些当年的关隘变成了人口聚集地，交通四通八达，自西依次是雄州，即今天的雄县，归属保定市管辖。中部的霸州，1990年建市，作为县级市归属廊坊市管辖。东部则是霸州市信安古镇。以此再往东，沿着112国道就抵达天津、渤海。我们努力追寻柴荣的用心，他坚信由他打下的这一带地区，待防线后移至燕山以北，从此将不再有军事功能，必须建立城镇，使人口聚集，让人们男耕女织，安居乐业，尽享太平。

2017年4月1日，这里迎来一项重大机遇，就是雄安新区设立，依然沿用了柴荣所命名的"雄"字，作为"千年大计"，它将迎来高起点发展。

完成命名后的柴荣，稍作休整便继续挥军北上，先锋很快攻占了固安、易州，并擒获了辽国的易州刺史李在钦。人算不如天算，偏偏在这时，柴荣突然着凉染病，而且眼看着愈加严重。万般无奈，柴荣依依不舍地望着北方的天空，只好在瓦桥、益津二关留下部队全力戍守。回到都城开封不久，柴荣便遽然辞世，留下了一生的遗憾，也留下了无尽的谜团。

周世宗柴荣自小就很聪明，严格要求自己。他和客人交流时，声音压得很低，可是谈古论今，表达谋略时，却是慷慨激昂。后来的皇帝宋神宗每次想起他，都会不住地唏嘘："世宗诚创业造功英主也。使天假之年，其功业可比汉高祖。"

关于周世宗的死因，是个未解之谜。后人评说是天妒英才，可是事实是他把收复北方的大业完成了一半，正好就到三关一线，而此后，处于颓势的部队也没有向北进攻，三关就这样成为与辽对峙的前沿。

后来，人们总是在推测种种疑惑。据说周世宗柴荣在京城时，派遣大臣王朴巡查汴水河道，王朴发现了一个非常奇怪的现象。王朴算是一个见多识广的人，又懂得术学。当看到异象之后，王朴惊慌失措，赶紧回城，赶往皇宫，拜见周世宗。

见到周世宗之后，王朴提出自己汇报的事情关乎大周江山社稷，要求周世宗让其他人全部撤下，周世宗半信半疑，可还是照做了。王朴很慌乱，本来才华横溢的一个人竟然变成了结巴，只反复地说："祸起不久矣。"后周就要大祸临头了。

周世宗不信，这王朴到底怎么了，如此失态，王朴看周世宗不相信自己，说："臣观元象大异，所以不敢不言。"所谓"元象"，其实就是天象、星象，那时人们对天象之说极为崇信。古人认为，行星和星座都以某种因果性或非偶然性的方式预示人间万物的变化。经过长时间夜观天象的经验累积之后，发现星座移动的方向是有规律可循的，和地球上气候变化相吻合。诸葛亮巧"借东风"，就是夜观天象确立的战术。这时的周世宗听后一惊。王朴稍微平静了一些，说："事在宗社，陛下不能免。而臣亦先当之。"这件事情非同小可，会影响到大周的国运，就算是陛下您也无法避免，而我王朴则会首先遭遇不测。王朴担心自己的表达不准确，误了军国大事，于是邀请周世宗晚上随同自己前往汴水边亲眼观看。周世宗定睛一看，果然看到远远的天边有一点火光，仿佛渔船上的灯火，却见那灯火竟然在迅速移动，越来越大，从天边飞向近前。这火光移动速度极快，眨眼之间仿佛就到了对岸，这时候再看那渔火，竟有一个车轮那么大，最奇怪的却是那火光之上似乎还站着一个小人。

那个火轮移动忽然变慢了，缓缓移向周世宗君臣，只见那个火轮越来越大，到了近前竟然遮天蔽日，连月光也看不到了。火轮之中，一个仿佛三岁小儿般的怪物正在用手指点着周世宗，口中还在说着什么话。

这是一个事后倒推的故事，有些玄幻，倒推的故事肯定比事实精彩。这个玄幻故事的生发地在冀中一带，本来在宋朝人们的心里就充满迷离的三关地带，更是疑团层层，有的说这里是瘴疬之地，有的说是柴荣水土不服，有的说是契丹人施展的法术。此后的数十年，宋辽交集总是阴差阳错地没有离开这里。

笔者在当地走访，还听到一个传说。周世宗达到固安一带，已是天晚，需要住下，他漫无边际地散着步，遇上一个当地百姓，就问他这是什么地方？那老汉随口说道，此地名叫病龙台。周世宗听后简直不相信自己的耳朵，回味着这个老汉的话，不禁惊出一身冷汗，我乃真龙天子啊，莫非天意要收我？果然，他晚上便患了一种奇怪的病，眼望着北边飘忽的白云，只得安排部下驻守，自己草草返回都城开封。不久就带着满腹的遗憾离开了人世。

如果柴荣不是暴毙，他显然在横刀立马，他指挥的大军大有势如破竹之势，拿下原本属于中原统一版图的燕云十六州。历史往往拒绝假设，事实是，他打到三关一带，整个收复计划因病戛然而止。白沟河水夏天是迅疾的，夹裹着自太行山涌下的泥沙，翻滚着、拍击着岸边，声响震天。

不仅如此，柴荣还留下了一个历史性课题，十六州是石敬瑭奉送给契丹的，而今他是在使用武力夺取，辽国的心理底线是什么？他打到冀中一带，拿下了十六州的瀛州、莫州以及涿州的一部分，面对这盘烫手的山芋，继承者是搁置，还是重整旗鼓？无论如何，唐朝之后这些已经闲置多年的平原关隘又被亮出来，放到了两国的前沿。

柴荣收回了三州三关，还在雄州、霸州调动山东滨州、棣州人力，弃关建城。他撒手人寰，却把难题留给了继任的宋朝，冀中平原成了柴荣的伤心地与落难地。

太宗北伐，两次落败

才华横溢的显德皇帝柴荣一命呜呼，他的远大前程就留下了半截子工程，事关历史发展脉络。时势造英雄，这是个抉择性的重大课题。接下来，英雄能否出现？谁能收拾这种残局？

要收复燕云十六州，自然是当权者着力谋划的事。而此时南北各怀心腹事：一方面，辽国眼看着晋朝皇帝石敬瑭拱手相送的这片土地被柴荣生生地用利刃割去了一块，心有不甘，咬牙切齿，意欲夺回；另一方面是中原新的继任者必须借助冀中水泽屏障，乘势而上，余勇可贾，否则依然是心头大患。

这任务本来应该落在宋朝开国皇帝赵匡胤的头上。后周末期，禁军首领、殿前都点检赵匡胤策动陈桥兵变，兵不血刃就在半遮半掩中黄袍加身，建立了宋朝。他接任的家底，由于柴荣的大作为，还是很不错的。可他上任后，依然面临着不少问题，百事缠身，既要稳固自己的政权，又要东征西讨，纵有三头六臂也赶不过来。军事外交上，平定了南方的几个小国，也算得小有收获。然而，待他腾出精力，准备解决北方问题时，一天晚上睡觉中，赵匡胤莫名死亡，年仅49岁，留下和他的前朝主子柴荣相同的历史疑团。至此，没有几年，连续两个在中国历史上有大作为的皇帝柴荣和赵匡胤，相继留下了开疆拓土的烂尾楼。

接下来的继任者是赵匡胤的弟弟太宗赵光义。时移世易，看他能不能收拾这盘残局吧。

北宋时期，北方军事防御区主要是河北、河东地区。而河北、河东地区相较，河北尤重，这和北宋定都有着很大的关联。因为北宋定都不在以前山河四固的关中地区，也不在关塞重重的伊洛流域，而是在交通便利却又无险可恃的开封城，那么河北、河东地区就代替陕北、河西成为庇护京畿的最后屏障。面对十六州这样敞开的北大门，宋朝之所以一直想收复此地，频频列入议事日程，一方面是形成完整的版图，更重要的一点就是消除北方的隐患，把契丹人赶回老家燕山以北的高原上去。

关于河北一带的重要性，后来宋朝宰相富弼有这样的概括：河北一路，为天下根本。寇准说得更直接：国之存亡在河北。

就这样，刚刚继承哥哥赵匡胤帝位的宋太宗，一直想有个大举动，好对内外树立起自己的威信。

976年，正值壮年的大宋开国皇帝赵匡胤暴毙，第二天，赵光义就悄无声息地打破太子继位的惯例，自己称帝，改纪元太平兴国。而宋太祖死亡，留下"烛影斧声"成为千古疑案。这些，给新任者赵光义很大社会舆论压力。

宋太宗认为这是千载难逢的时机，写入史载也将会是值得骄傲的事。他想到自己摊上这样的可以记入功劳簿的美事便兴奋不已。他感觉要想超越前边的显德皇帝和亲哥哥太祖皇帝，是有难度的，一个是举世公认的英才，一个是大宋开国元勋。而自己要有所超越，就必须施展自己的雄心壮志，干出他们想干都没干成的事。其实，宋太宗决意要做成收复十六州这件事，还有点小私心，他哥哥赵匡胤的死亡某种程度上与他有些关联，那是这年十月十九日的夜晚，赵匡胤宣召了赵光义入宫陪他喝酒，当晚赵光义就留宿在了皇宫中。没想到隔日的清晨，赵匡胤就突然离世了。他死得太蹊跷，世人怎么看，他能堵得住每个人的嘴吗？也许民间都在传扬是自己谋害的呢。所以，他必须做出大动作，转移人们的注意力，不然的话，他的威望怎么会树立起来呢。他在宫中徘徊多时，又在地图前上上下下左左右右一番扫视，眼睛就集中到了河北一带。此时，他脸上才露出了笑意。

其实，据李涛的《续资治通鉴长编》记载，宋太宗还是很重视史料编修的。有次他对宰相吕蒙正说：太子上朝议事，都是如实一点点记录下来的。如今你们搞的实录有许多遗漏，要召集史官重新撰写。状元出身的参知政事苏易简听后也是一脸委屈：近代部分交付给大学士扈蒙编修，可他性格怯懦，受权势逼迫，很多记录都做了回避，已经不是实录。宋太宗坚决地说：史臣的职责，就是无论善恶，都要记录下来，不能有所隐讳。当年太祖忠于周室，一心一意，内外都知道。至于登上皇帝宝座，也不是他的本意。遗憾的是，史官对那段往事记载简短了许多，应该安排人另外补齐。

这段对话，可以显示宋太宗在修史上的态度。尽管如此，哪个史官会时刻跟在皇帝身边呢。

很快地，宋太宗把目光瞄向河北平原，对北边的辽国发动了两次大规模战争。

第一次是979年，宋太宗御驾亲征，灭掉北汉，标志着五代十国局面结束。这一仗，太宗打得很顺，膀大腰圆的他得意起来。他认为七错八赶，就把这项不太繁重的任务落在了自己的头上。值得一提的是，就在这场灭北汉的战役中，那位赫赫有名的杨业作为降将投奔了大宋。杨业后来被传说更名为杨继业，他自己都不知道，他死后被逐渐兴起的演义推至"杨家将"故事的鼻祖。

宋太宗正沉浸在胜利的喜悦里，他对自己的武功很是自信。于是，没有经过调整，随即指挥大军向北攻打辽国，他想采用闪电战术，企图乘其不备，从太行山切入，形成包围圈，一举夺取幽州，夺回燕云十六州。他从太原出发，一路顺畅，没有遇到大的抵抗，故此，饱览着巍巍太行风光，宋太宗做着为大宋建立千秋大业的美梦，直抵幽州一带。正在此时，一队人马杀出，在附近的高粱河一带宋军与辽军遭遇，形成了拉锯战。宋军还算顺利，但是辽军在有效的增援下，越战越勇，宋军大败，被斩杀万余人。兵败如山倒，气数已尽的宋军溃败下来，四散而逃。可怜的大宋皇帝赵光义大腿上中了两箭，仓皇中发现一辆驴车，跨上去逃走，到涿州才得以喘息。这场战事，李焘在《续资治通鉴长编》里却有些轻描淡写了，只说，"上以幽州城逾旬不下，士卒疲顿，转输回远，复恐契丹来救，遂诏班师"。全然看不到失败的影子，倒像是主动撤退。而李焘对于士兵在幽州一带地里发现了螃蟹，却很感兴趣，多有着笔，似乎这次失利全是因为没有遇上好兆头，应该怨天不怨人。太宗命令部队攻打幽州城时，留下曹翰和米信的部队在城的东南角作为机动，好随时调遣。这些不在战火一线的士兵，似乎清闲得有些无聊，不知是谁挖土，竟然在土里发现了活着的螃蟹。要是放在今天，一个小孩子也会按照螃蟹的习性做出解释：这里是个水塘，由于干涸不久，钻进泥里的螃蟹得以存活。可这位观察使曹翰却一惊一乍地显出莫名的失落，他对身边的大臣说，螃蟹是水生动物，如今它却生长在泥土里，是由于失去了它的存活环境啊！还有就是，螃蟹有很多腿，依我看，这是敌人已经搬来了救兵的兆头。曹翰还觉得不足以自圆其说，继续眉飞色舞地说，螃蟹的"蟹"，和"解"同音，这不就是说他们班师了吗？让这样的主帅在战场上指挥，精神消极涣散，手下的将士又何来士气？战争的结果可想而知。

太宗率兵驻扎岐沟关，接着，住在涿州，而后回到开封。收复燕云十六州的计划就这样以长驱直入开始，以莫名惨败收场。

关于涿州，我们可以多说几句，宋辽对峙时期，涿州是辽国的前沿，而宋朝最北端就是雄县，当时由一条白沟河隔开，就成了两个国度。王安石曾作为特使出使辽国，路过涿州，立即感受到北国的气息，写有两首诗歌写涿州，分别是《涿州》和《出塞》：

涿州

涿州沙上望桑干，鞍马春风特地寒。

万里如今持汉节，却寻此路使呼韩。

诗中可以看出，王安石路过此地，有少许逗留。涿州出皇帝，刘备在涿州出生，也是传说中的刘关张结义地；大宋开国皇帝赵匡胤祖籍也是涿州。此时王安石从中原来到涿州边地，抚今追昔，天气不寒人已冷，即使春风吹拂也有丝丝寒意袭来，一条桑干河往北伸向视线尽头，那里是契丹人的领地。

王安石还会想到汉代出使西域的张骞。当张骞由遥远的西域返汉途中遭匈奴扣留，"留骞十余岁，予妻，有子，然骞持汉节不失"。心已有属，纵然时光流逝绝不更移，表现出他对汉的忠诚。所持的"节"是皇帝授予的，以表示持有者是皇帝代表的身分；对于使臣来说，他持的节又是皇帝和国家的象征，保护它也体现出其对国忠贞的感情。苏武也有同样的经历，匈奴人将他放到冷寂的北海（今贝加尔湖）边牧羊，并放话只有公羊生子才会让他回国。苏武没有粮食果腹，就挖野鼠所储藏的果实吃。苏武每天起居都拿着汉节牧羊，以致节上毛全都脱落。他留居匈奴十九年持节不屈。

王安石还写有一首《出塞》：

涿州沙上饮盘桓，看舞春风小契丹。

塞雨巧催燕泪落，蒙蒙吹湿汉衣冠。

这里，王安石回到了现实，他借景抒情，依然在表达一份对自己国家的忠诚和操守，细雨霏霏，打湿了使节的衣衫，燕子都会感伤落泪。

要说宋太宗也是有抱负之人，他眼望北方没有就此善罢甘休。因为他始终不明白，怎么都是胜算的这次军事行动，却输得溃不成军。不服就是心有不甘。

回朝后，他积蓄力量，谋划着一场更大规模的北伐，他是帝王，手中有这样的资本，也有雄心壮志。这次战争的发动有一个貌似不是理由的由头。知雄州贺令图及其父岳州刺史贺怀浦等人不知道从哪里打听到萧太后的一些风流韵事，急忙向宋太宗进言："如今契丹主年幼，国事决于其母。"而其母与韩德让不清不楚伤风败俗，一定会招来国人痛恨，辽国肯定要有内乱，现在辽国全国人心涣散，你想啊，会有谁愿听一个败坏妇德的女人指使呢？所以说，这是对辽开战的大好时机。不管这个理由太宗接受不接受，相同的是，他早就想重整旗鼓对辽进行征伐了。殊不知，关于这位宋辽对峙时期有名的萧太后，辽国对她始终推崇有加；而宋朝却因屡次败在她手里，痛恨无比，对于这样一位女流，就多有贬抑之词。由于她几次统兵南下亲征，宋人吃尽苦头，又打不过，只有极尽污蔑："好华仪而性无检束。"可怕的是这样一厢情愿的谣传，却在以并不真实的信息左右着太宗的谋略，这就出现了误判。《辽史》里说她："后明达治道，闻善必从，故群臣咸竭其忠。"治国有方，善于听取别人意见，左右都对她言听计从。

第二次是986年春天，心有不甘的宋太宗像个赌徒，输红了眼，他要利用手中的权力，发动大规模的北伐，把失去的民心挣回来。在他的账簿里，怎么算都是赢家。这年是雍熙三年，史称"雍熙北伐"。

大军又一次剑指冀中。三关地带，成为宋军发起攻击的踏板。

这次，宋军的战略意图是三路齐发。东路，他任命儒将曹彬为幽州道指挥官，以佯攻的姿态向雄州、霸州方面推进，任命米信率军出雄州。沿着太行山东麓属于中路，以田重进为指挥官，出飞狐奋力进击。西路在山西，以潘美、杨业为正副统帅，率领宋军出雁门伐辽。

应该说，辽国对于宋朝的进攻是有着深谋远虑的，也是积极的。辽承天太后萧绰就表示，决定以骑兵之长和平坦广阔的有利地形，集中主力先破宋东路军，再移师逐个击破。她的用兵堪称大胆而合理，于是她部署南京留守耶律休哥率部先到涿州阻击，继而以东京留守耶律抹只率军驰援幽州；自己与圣宗率精骑数万进抵驼罗口（今北京南口附近）应援。有前锋，有接应，有侧面进攻。同时，以北院枢密使耶律斜轸为山西兵马都统，率军进援山后，阻击宋中、西两路军东进。海面防御也作了部署，命林牙（官职）勤德守平州（今河北卢龙）海岸，以防宋军由海上袭击侧后。

雍熙北伐开始还算顺利，宋军各路取得大胜：曹彬一路攻克固安南城，田重进于飞狐北破辽兵，潘美在西陉痛击辽军。曹彬又克涿州。由于粮草接济不上，只得后撤，战场岂是儿戏，战局瞬息万变，失去就不再来。

问题就出在了东路，出在了有名的儒将曹彬身上。

曹彬是何许人？作为北宋灭亡南唐的功臣，北宋开国元老，曹彬以儒将著名，跟随赵匡胤南征北战打天下，一世英名。他也是个有故事的人。那位写"春花秋月何时了，往事知多少"的南唐后主李煜就是被他俘获的。说来还有个小插曲。当初曹彬受宋太祖之命攻打南唐金陵城，他希望李煜能归降，就采取敲山震虎的办法缓攻，他也不忍心看到南京这座古都毁于战火。曹彬久知李煜的大名，一介文人治天下，也够难为他的，大概有些惺惺相惜。十一月，曹彬又派人晓谕他："事势已经如此，只可惜一城的百姓，如果你能归降，真是上策啊。"金陵城即将攻克时，曹彬忽然称疾不处理事务，诸将都来探病。曹彬说："我的病不是药石能治好的，只要诸公诚心立誓，克城之日，不妄杀一人，就会自动痊愈。"诸将马上答应下来。再过一天，金陵城被攻陷。李煜与他的大臣一百多人到军营请罪，曹彬安慰他，用贵宾礼接待他，请李煜入宫换装，曹彬只派几个骑兵等在宫门外。部下暗地对曹彬说："李煜入宫如有不测，怎么办？"曹彬笑着说："李煜向来懦弱不能果断，既然已经投降，一定不会自杀。"亡国之君李煜最终赖以保全，遇上了曹彬也算得他不幸中的万幸。

这次，曹彬没有那么幸运。他的部队先期到达涿州，粮草不济，只得退后。再返回到涿州的岐沟关时，与辽军遭遇，只得仓促应战。曹彬先遣人率涿州百姓退走，他自己率大军殿后。由于人多兵疲，缺粮少水，宋军战斗力极度下降，连个像样的殿后军阵都组织不起来。耶律休哥率辽国生力骑兵一路尾随，边杀边追，边追边杀，一直追到涿州的岐沟关，辽军发动总进攻，宋军大败。曹彬收拾残兵，连夜抢渡拒马河，于易山南岸扎营，准备休整一下喘口气。幸亏宋将李继宣死战，使得小股宋军逃得活命。但是，数万宋军，或被杀，或掉入河中溺死，或被俘，损失巨大。

至此，宋太宗再也组织不起像样的战斗攻势。此战，也成为北伐的一个重要转折点，宋军眼望北国的天空，无力无奈。

2014年秋天，笔者专程去了岐沟关。平原上的寂寂岐沟关，如今是一个村子，是宋军的麦城，损失惨重。笔者写了篇文字《毕竟是岐沟》，发表在《西安晚报》上，借此节录部分：

是一场遭遇的战争让它擦出了历史的火花。拒马河水汤汤东流，加上这里沟沟汊汊的水，多年驻防设施的修建，就有了这里的抵御性依凭。如今的岐沟已经干涸，没有了河水，没有了城垛，只有这个不会离开的村子，仍然株守着这个名字。好在我们还是有些发现。在村西头，一眼望去树丛田野难掩平畴的开阔，一堵土墙围住几户人家，让人立马感觉到这土墙的岁月悠远。土层现出久远沉积的褐色，斑斑驳驳的，下边长满多年的枝枝杈杈，干枯了又长出来，被层层叶子覆盖着。几棵野菜野草由于缺水，在土墙上发出不太茁壮的芽，开着米粒大的黄花。

来到岐沟关时，我意识到此时有两个时序错位——这已是千年之后，这已是深秋时节，也就是说假如退回一千年，再从秋天回到夏日，我也许会见证一场争战。我想我会是个田野间的放羊娃，此时已是烈日洒金，我头戴一顶刚刚编织的柳条帽遮阳，悠闲地哼着村上人们口传的小曲，摇着鞭子，不时抬眼看看天空的白云缭绕，跑到远处的羊群在一片绿草上撒欢地啃噬。我忽然就看见远处成群的马队与一些手持剑戟的兵士的冲突，烟尘遮天蔽日，喊声叫声不断。也许还不懂得惧怕，我丢下羊群，躲在一棵树后，像看一场游戏一样看着这黑压压的人群。战争结束后，那些制造战争的人或是死在了这里，或是已经远去，离开了村子。那时我看见拒马河与四周的沟渠被血染红，我知道了战争会死人的，双方的较量是血肉之躯对于刀光剑戟的拼争，一些剑戟染着冷血，一些人的生命被终结。

时光流转到了今天。这片战场如今只剩下一个唤作岐沟的村子，时间会远去，村子不走。进了村子，便感觉它寂静得出奇，几个老人聚在街头，在阳光下就那么静静地消磨着时光，不时扫视一下走过的路人，没有人说话。阳光洒在他们的脸上，夹袄上，泛着一片雪的光。

对于这样的状态，后来清初的思想家王夫之在《宋论》中有个高度概括："岐沟之蹶，终宋不振。"这个"不振"，是说此后宋朝再没有组织过像样的对辽进攻，而是转入守势，在边境州县广筑城墙，派兵驻防。

　　曹彬在这次战役的失利，影响了收复，回去后，他受到了处分。可是三关一带仍然是双方拉锯战的一个纽带。

　　历史就是这么捉弄人，这次北伐宋太宗势在必得，他怎么也没有想到在冀中一带整个军事部署会"掉链子"，他的规划图里肯定早已摆脱了当年柴荣在此地莫名染病的阴影。

　　然而事情却在以改头换面的方式继续上演。本来作为佯攻的曹彬东路军，势头正猛，却只得坐下来休息，可要知道，这人吃马喂，实在是太大的消耗。假如此时齐攻幽州，也许就是一鼓作气的成功。但是按照太宗赵光义的"阵图"，他们要等待西路的潘美部队完成部署后再行北进，可怜曹彬的部队在涿州待了十天，错过了绝好的战机，也污了他的一世清名。而正是这段时间，辽军先锋耶律休哥完成了作战部署，通过迂回穿插，截断了宋军的粮草供应。兵马未动粮草先行，眼看着粮草被断，曹彬部队立马慌了神，须知，在战场上，这往往就会导致兵士情绪的崩溃。总指挥曹彬心里很清楚整个战局部署，而士兵哪里知道，他们只会按照长官的命令行动。进退两难时，不得已，曹彬做了一个影响了整个战役走向的选择，从涿州退回雄州取粮，再等待出击。太宗得知后，不禁摇着头，这哪像战场啊，简直像是赶集逛店的，他连连惊呼："岂有敌人在前，反退军以爱刍粟，失策之甚也。"瞬息万变的战场成了儿戏，既有曹彬的优柔寡断，也有太宗的自以为是。机不可失，时不再来，失败自在情理之中。

　　河北中部地处平原，没有山高路远的幽深，却有无数汤汤之水，壮怀激烈，此时竟然左右了宋太宗整个雍熙北伐的战局，随着西路军的失败，雍熙北伐以失败告终。这样的结果是，依然在冀中延续着以前与辽国的僵持局面，燕云十六州还处在分化中，伴随时断时续的硝烟。一世英名的仁将曹彬在此晚节不保。这个北伐中，崔彦进、米信、田重进、潘美一个个为大宋开疆辟土立下汗马功劳的豪杰，最后关头只得泪湿衫巾。更令人唏嘘的是后来被广泛演义的杨家将一面旗帜的杨业，在太行山阻击辽军，双方打得很惨烈，杨业边战边退，撤到了陈家谷，中箭被俘，绝食三日而死。留着杨家将故事的余音，只有让他的儿子杨六郎和孙子杨文广接着弹响了。空谷回音，陈家谷杨业的不屈与哀鸣，竟然传得如此久远，在一个个英雄人物被浪花淘尽时，杨业发出的回声却变得迷离起来，在人们的口中一代代变成无数神奇的故事，直到今天。

我们还可以沿着宋太宗的思路走下去，他方略中的大宋版图当然不是停留在冀中，他要以此为跳板挥师北进，完整收回被契丹人占据着的燕山以南和北太行山地区，把这两座山作为屏障，阻止辽军的铁骑南下，让他们留在草原放牧。这样才算是成就他的一番基业。他动用的是全国之力，可以想见，他的进度表里没有"失利"二字。然而，他志大才疏，忘记了他排布的大将个个是帅才，帅才加上帅才，可能就是内耗，是各自的独立，而不是合力。他过于自信，自信过头就是刚愎自用。他把自己当作统帅，以为别人都是可以摆布的棋子，他忘记了"将在外君命有所不受"的道理。他也忘记了此时的辽国处在强盛时期，风头正猛，即使杨业这样的威猛之师，在强悍的辽军面前也不占上风。

　　新朝执政初期，宋朝面临诸多困难。首先就是政权和平移交。宋太祖北征至陈桥兵变后还都时，范质率王溥、魏仁浦见赵匡胤，更是试探赵匡胤的态度。谁知赵匡胤脸一沉，痛哭流涕地述说，自己做皇帝，可不是我自愿，而是被逼迫的。这时还没等范质说话，连个态度也没表达呢，军校罗彦环唰啦一声拔出宝剑说："我辈无主，今日须得天子，谁如不从，就让我的宝剑说话。"其实柴荣的儿子已经登基，可根本没让这些人放在眼里。此时，范质作为后周的宰相，一介文职官员，哪有犹豫的时间，不管是被逼迫还是顺水推舟，赶紧俯首，王溥等表示拥立赵匡胤为天子。就这样，范质继续做他的宰相。军人没有出现骚乱，整个朝政也实现了平稳过渡。如今，江山是他赵家的，范质、王溥等后周的执政大臣，继续在宋朝为官这是历史上少有的现象。可是，这样的移交，遇到议政时，每人的内心无疑是复杂的，赵匡胤的执政还没到振臂一呼的时候，当下仅仅是权宜之计。他必须谋划让这些老臣放弃权力，哪怕多多给他们财物都行。

　　当然，在对外用兵中遇到的障碍更是牵一发而动全局。尤其是征讨南方时，并不是一帆风顺，个个都是必须啃的硬骨头。

　　南方土地肥沃，物阜民丰，要扫平这样的国家，都是关节点性的重大战役。北宋在拿下了南部的几个国家后，才腾出手来应对来自北部的威胁。

　　北宋初期，军队的战斗力还算不错，从宋军横扫南方各国，很多时候都是兵力不占优势，甚至是劣势下取胜。平定后蜀 10万破14万，平定南汉 10万破15万，平定南唐 10万破25万。我们很多人只看到宋军打败仗的一面，却没有放在当时的实情去分析。宋朝接管的是分裂的国家，最大的课题就是结束这种局面。南征北战，国力不能不受影响。再看个人口数字，996年，宋真宗上台前一年，北宋此时有1600万左右的人口，而汉武帝时代，有3000多万人口。这也看出来，为什么战争中往往要把掠夺人口当作胜利成果。在生产力低下的过去，有人才能保证战斗力。宋朝是个废墟上建立的朝代，棘手的事一大堆，一方面要培训军队，平定四方；另一方面要发展生产，稳定社会秩序。

宋朝初建时期，有个很大的课题是征讨四方那些分裂的小国。全国上下士气高昂，并不像一些演义所说的那样软弱无力。攻打北汉时，作为皇帝的宋太宗身穿铠甲，冒着不时飞来的箭镞石块，一直亲临战场指挥。就有谏官上言要阻止他。他说，将士冒着箭雨争相效命，我怎么忍心做旁观者呢？战士被深深鼓舞了，个个以一敌百，冒死登城。有几十万弓箭手，在太宗的战车前列阵，分批射箭，只见太原城上纷飞的箭支像刺猬一样。每次发给射手的箭支都有几百万，一会儿就被射光了。后来听到一个好消息，说太原城里在收购箭支，每支十钱，已经收进百余万支，放进库房里。太宗一听高兴极了：太好了，这都是为我们保存的。果然，攻破城池后，缴获了这批箭支。亲临战场指挥，有几个皇帝能做到？从太原的战斗中，我们看不到一点懦弱的影子。相反，大宋自上而下都是开路先锋的一代英豪。时事造英雄，正是早期宋太祖、宋太宗的开疆辟土，有效阻止了处于上升时期契丹人的进攻脚步和信心。

在炫耀武功上，太宗却有过人之处，他从不怠政，而是积极进取，谋求对辽国的渗透。

有个舞剑的创意，也亏得太宗想得出来。之前之后我们没有看见谁有这样的手笔。很早的时候，太宗就选拔了数百人组成的勇士队，然后教他们舞剑之术，练到每个人都能把剑抛到空中，在剑的翻飞里由旁边的勇士用手接住。正好这时契丹派来使者前来沟通进献之事。太宗在休闲的便殿设宴款待，并安排这批勇士来表演他发明的这种舞剑，这几百人袒露着上身，在鼓声的激烈敲击中，不停地跳跃，一边抛掷刀剑，一边熟练地接到手中。这些契丹的使者低着头，都不敢正眼观看。太宗攻打北汉的城池时，依然采用这种方式，让舞剑的勇士做前导，剑手的剑寒光闪闪，在阳光下不停地翻飞，各人有各人的招数，再看上面守城的士兵，见到这种惊悚的阵势，还没被攻城，便早已吓破了胆。

尚武的战争年代，必然会造就一批勇敢又力大无比的豪杰。有个牛思进就很典型，他曾经做过这样的表演，把一张弓挂在耳朵上，再用手拉弓，直到弓弦张满。不仅如此，他还有奇功呢。他身体紧贴在墙壁前，两个大力士揪住他的乳部，竟然纹丝不动。估计是因为这个缘故，石岭关都部署郭进死后，这位臂力过人的牛思进被委任接替了这个职位，真是"力而优则将"。

北伐失利之后，宋军再无力谋划和辽国的战事。庆幸的是，辽国本是游牧民族，他们策动的一次次南下，无非是抢掠些人口和物资，至于拓展疆土，他们还没有太多想法。再说，这燕云十六州是早先石敬瑭为了当皇帝划给的，不能眼看着都失去。这样的结果是，冀中平原成了两国的缓冲区和试探点，虽都不想有大作为，作为前沿，一丝一毫的响动都会牵动两国政治军事上敏感的神经。

两虎相争，必有一伤。宋太宗无疑是一员猛虎，他敢打敢拼，也有雄才大略。如果不以成败论英雄，我倒以为太宗不失为一位宋朝的有志皇帝。然而，他生不逢时，遇上了正在崛起的草原部落，马上骑兵，让他的志向没有得以尽情施展。

费了九牛二虎之力，没有拿下十六州，曾经御驾亲征的太宗真正领教到大辽的厉害，这些游牧民族骑兵如此迅疾，所到之处便是无情地践踏，兔奔鸟飞，一片狼藉。一到阴天，他抚摸着伤痛的大腿，紧皱眉头，有时就是一身冷汗，一想起这隐隐作痛的剑伤，心里总是抑制不住的惊恐，伴随着颤抖。至于雄才大略，早被剑伤带到爪哇国去了。

由于先前吃过数次败仗，宋太宗在诸将出发前，都要嘱咐他们："持重缓行，毋贪小利以要敌。"即使有时宋军诸路防线捷报传来，宋太宗表现的也不是多欢喜，倒是会加重几分他的忧虑，他的眼前总有一道契丹人的影子，时时刻刻晃动，赶也赶不掉，他深恐这样的捷报之后，就是契丹军的突然出现，并趁机切断宋军的补给线。在这上面，他吃过苦头，长了记性。契丹人的马蹄常常是从天而降，说不定什么时候就横挡在面前，随之的就是一片天幕下的血光，战场上的凄惨哀号恸彻天宇。这时，太宗的心里只构筑了一道防线，就是人不犯我，我不犯人，只要不危及自己的皇位，一切都可以慢慢地等，慢慢来。

　　之后，辽军确也发动了几次报复性进攻，由于宋军拼死抵抗，双方互有胜负，两国进入到了抗衡阶段。当然，两军在河北平原一带的拉锯战，为这里以后成为边界留下了伏笔。

　　此后，宋太宗给边防下达的命令是，不要一有风吹草动就言用兵，即使敌人打进来，也不要急着迎击，道理很简单：他们长驱直入后就会出现疲惫，这时再攻击也不为迟。

　　他的这种看似软弱的政策，得到了卓有成效的应验。995年，契丹大将韩德威率数万骑兵从太行山的振武一带入侵，永安节度使折御卿率领小股骑兵迎敌，由于这位将领的巧妙排兵，竟然以少胜多，获得了大胜，战果是敌人伤亡一多半，扔掉辎重过河逃走，光是突厥太尉、司徒、舍利等将领就被打死二十多人，还生擒了吐浑首领一人。韩德威威风不再，独身逃脱，算是捡了一条命。

　　接着，折御卿派特使到朝廷报捷，这次胜利，太宗皇帝没有皱眉头，他心情无比愉快，在便殿召见了这位特使，询问了这次破敌的来龙去脉。特使的话，太宗似乎没有认真听，接着就插嘴打断了特使的汇报，急着为自己表功，他看着左右大臣，会心地说："契丹小丑，来得容易，去得也快。我就常常告诫边将不要和他们争锋，待其深入，再分奇兵，阻断他们的归路，从而打败他们，肯定是片甲不留。大家看看，这场战斗的胜利，和我说的十分吻合吧！"可以想见的是，接下来一定是在场的一片赞扬声。一场偏远地区的艰辛战事，轻易地就成了他的诱敌深入战略思想的战果，太宗全然忘记了当年自己亲征的败局。

对于河北平原地区的防御，始终是太宗的挂念。一次，太宗派遣殿直张明到定州防区，带着自己拟定的谕旨给定州关路都部署李继隆，给李继隆打气鼓劲："如果敌人再侵入，我还亲自征讨，你一定不要有什么顾虑。"这时，太宗亲征的表态，和第一次有所不同了。第一次亲征是他登上帝位不久，踌躇满志，说到做到。而这回的前提是，一旦契丹人再南下侵略，才会亲征，属于被迫阻击。李继隆是聪明人，也知道皇帝对这一地区放心不下，他做了一番表态发言，说陛下您就放心吧，建立体制，派兵设防是立国之本，临阵忘记生死也是做臣下的职责。哪有手握重权，拿着很高的俸禄，不想着守卫边疆，抵御外寇入侵的，又怎么敢劳驾皇帝亲征巡视各地呢？我朝朝暮暮都在想这件事，眼下辽国大肆兴兵，给我们的边防带来麻烦，皇上没有认为我带兵无能，委以守卫边疆重任，我哪敢不从严治军，施展天威，抵御外敌呢？我在当初接受任用时，就下定决心，让那些北国的小小妖孽，遭受无情的打击，臣子的天职就是冒着必死的信念对待它，不劳皇帝挂念。李继隆又说，感念皇上的教诲，我还要加大力度操练军队，好给契丹人强大威慑力。还有一点，如果有战事，百万大军，形成呼应，再有附近州县的物资供应，各驿站一路报信，料想那些穷荒之地的余孽，势必消灭殆尽。我一定誓死保家卫国，来报答圣上的恩宠。

在辽军看来，对于骑马南下，长驱直入到达冀中低洼地区要面临多变的天气，潮湿的地域，这让他们感到非常陌生，一直心存顾虑，没有轻举妄动。

多年对峙，冀中一带人烟稀少，草木横生，高的地方有一人多高。树木也杂乱地生长着，榆柳杨槐，桑枣桃李，在河边更显得茂盛。杨树榆树从树干侧生了许多树枝，把一棵棵大树装扮起来，成了鸟的天堂。更为秀美的是水，河淀洼塘，长满蒲苣，蒲棒十分粗壮，青蛙与蟾蜍交相鸣叫，越发显出这里的寂静。

至今，在永清县还有个关于迷魂阵的传说，时间背景指向宋辽时期，当然更多的加有人们想象的成分。说的是那年辽将韩昌兵败后，收买道人白天祖，在老君堂北南岔口村东摆下大阵——迷魂阵，这里的田野都是斜斜的，如磨齿状从中间散开，无正东正西，无正南正北，田间道路也都是斜的，任谁走在这样的地面不迷路才怪。此时杨六郎已经病故，穆桂英勇挑重担代替出征，巧破敌阵，最终白天祖战死，韩昌兵败后狼狈逃回了辽国。

传说的意义就是人们可以假托一个众人皆知的符号或名称，演义出一个个生动的故事。而后口口相传，几代下来，天文地理，草木鱼虫，张三李四，最后的结果一定是这个传说神秘莫测，一定是过瘾解气，或者是正义战胜邪恶，或者是捍卫一方土地打败对手。这包含了朴素的人的心理反应，我倒想把它归结为人的动物属性，动物要有群落意识，要有地盘意识，与此相应的就是往往会树立个处处作对的假想敌，这个假想敌是个妖魔化的面孔，貌似很有些威力，经常使用各种招数作乱，而后正义的一方也会用一种人力无法达到的方式战胜他。冀中平原一带太多的传说都会把时间逆转，附着于遥远的宋辽时期，也从一个侧面说明历史上这段时期社会变革的复杂性，很容易找到的寄托物就是杨家将、杨六郎、穆桂英这些小说戏曲里的神勇人物。传说的产生很有意味，既不需要历史的真实，又愿意假托一个大家熟悉的历史环境，在似是而非之中就能够尽情发挥了。

这里后来的一些文学创作也会带有关于那个时期传说的痕迹：

> 南门点将台，岔口磨齿地。时光不倒流，浩然又正气。
>
> 六郎镇三关，金枪胜当年。虎老威犹在，辽寇不敢前。
>
> 桂英不输男，智勇又双全。大破迷魂阵，绣龙斗昌韩。
>
> 杨家忠良将，世代股肱臣。誓死效宋主，芳名传古今。

此后，领教了北国铁骑冰冷的宋太宗得了"恐辽症"。代价是，一些附属地脱离了对于大宋的依附。

比如991年，女真首领野里鸡向太宗报告说，契丹人对女真给宋朝进贡十分不满，在女真去中原的必经之地海岸线上四百里内设置了三道栅栏，又派了3000士兵把守，断绝他们的朝贡路线。这次乘船走在大海上，披波斩浪，千辛万苦才来到开封。请求大宋发兵。使者甚至说，皇帝你如果答应出兵，我就回去召集人马，好里应外合，踏毁那些栅栏。一听说是辽国捣乱，太宗皇帝胆怯了下来，还郑重其事地下诏书，安抚女真人，只字不提派兵的事。

不久，女真人就归附了契丹。

994年，高丽国王派使者元郁来到开封府求救兵，理由是契丹入侵了他的领地。看此时宋太宗怎么答复？他轻描淡写地说，北方少数民族互有军事摩擦，这太正常了，不用大惊小怪的。而且北边刚安定了，却不可轻易地挥动干戈了——一副惊魂未定的样子，我们能想象到他淡定表情下内心的那份惊恐。他再也不是从前那个怀有一腔抱负的样子了，在他看来，坐稳身下的这把交椅才是硬道理。当然，他没有忘记皇帝的身份，好吃好喝让使者住了些天，走时把他的包裹填得满满的，并让他转告高丽国王，武力上就帮不上忙了，以后会在物力上多多优待馈赠的。

可是，坐在庙堂之上的太宗哪里知道，在这样的危急时刻，高丽是把大宋看作一棵救命稻草的，他要的不是施舍，而是武力支援。带来的结果是，从此，高丽逐渐与宋朝疏远，再也没有给大宋朝廷进贡。

当然，这一切并不影响宋太宗在朝廷上正襟危坐时的威严。

冀中平原的地势低洼，成了一道拦阻辽军南下的防线。这道防线主要屏障就是水势，在我国军事史上，水作屏障也不乏前例，但多是河流，淀洼成为军事要塞算是特例。这样，从太行山东坡到天津的一线就成了一方志在必得、一方不可退守的对峙线。最东的泥沽是个较大的居民点，北宋时称泥沽寨，在大清河、卫河、子牙河的会流处，也称为三汊口，其位置在今天津市区的狮子林桥附近，这里也是明朝明成祖定都北京后，天津设卫城市发展的基点。

平原和山区不同，骑兵在山区很难有大的施展空间。平原和草原更适合骑兵的奔袭。然而，自古以来，冀中平原就是华北地区的锅底，是太行山和北边的燕山河流倾泻之地，都是经此抵达渤海湾汇入大海。

天气因素，无心恋战

笔者小时候常跟随本家二叔狩猎，无非就是好奇。冬天农闲时节，没有庄稼的大平原天高云淡，一望无际，显得安静许多，二叔打猎会带上他那只黄狗，往往是走上一天一无所获，以他的心态还不在意收获多少猎物，更像是打发漫长冬日里的无聊。笔者看见黄狗追逐野兔，两种善跑的动物，在地里一溜烟后会划出许多的弧线。后来笔者老想，这些大大小小的弧线，究竟是谁决定的。在攫取与生死时刻，兔子才不在乎什么弧线，它所做的一切都是为了逃生。在笔者以为，二者跑出的路线，决定权在狗这里，它占据着优势，狗很会穿插，老想截断兔子的去路，机敏的兔子常常是一个急停，又转向别处，所以笔者很少看见狗把兔子俘获。对于狗来说胜了是赚的，不胜至少不会吃亏。想到狩猎时的情景，笔者就会强拉硬扯地一定要由此思考一个战场上的问题，就是战争的时间该由谁把控，环境由谁决定，笔者以为这时机掌握在主动进攻的一方。

提起契丹的南下侵入，每次只要是契丹人主动挑起的战事，他们首要考虑的就是躲避炎热天气和雨季，好利于战马急行军，利于剑囊不被淋湿，又要避免士兵在南方太阳下的灼烤。

辽国远在北部草原，骑马代步，可以奔驰。但是对于马不利的环境和天气显然就形不成他们的战斗力。

这里普及点关于马的知识。战马的四只蹄子是实心圆柱形，与偶大的马匹相比，每个蹄子与地面的接触面积很小，负荷很重。所以，利于战马行走路线的地形条件一定要平坦，要二硬，马踏上去才有力。如果是阴雨天，道路泥泞，马蹄深陷淤泥，就很难前行。

北汉在太行山腹地，山高路远，赫赫有名的周世宗柴荣和宋太祖当年也是亲征，兵力上占据优势，却都吃了败仗。宋太宗问曹彬这是什么原因，曹彬认为周世宗是缘于军队深陷石岭关，地形复杂，出现了人心恐惧，而宋太祖是由于士兵驻扎处杂草丛生，蚊虫肆虐，水土不服导致多数闹肚子。可见，身在异地，人生地不熟，有时甚至会导致整个战役有利局势的大逆转。

宋太宗第一次北伐，与辽军在高梁河激战时正值农历七月，北京的夏季。宋太宗取得北汉时是在五月，正是天气暖时节。可太宗偏偏执意北上，这是在辽军的家门口，宋军主动送上门，长驱直入必然是疲软之师，战力已经大打折扣，而辽军是背水一战，胜负可见了。再说宋军也难以抵挡北方一年之中的炎热，每天在这样的氛围里，热得令人窒息，又谈何战斗力？

五代时期，辽灭由他们亲手扶植起来的后晋，打到开封，还有比这更好的形势吗？大有一种都城南迁，将政治中心南移中原的架势。但是，仅仅两个月后，辽国文武百官每人手脚并用带着从皇宫搜刮的图籍、石经、铜人、太常乐谱、法物等回到他们的家乡了。原因就是一个，恐惧那里即将到来的盛夏的酷热，这看似不是理由的理由，让他们失去了对于中原统治的大好时机。他们无奈地哀叹：南方暑湿，上国之人不能居也。我们一直以来的会把中原作为中国历史发展的核心地带，而草原民族自称"上国"，从概念上并没占下风。至于这次从皇家被掠走的文物，其下落却无从知晓了。而一个朝廷的倾覆，不仅仅是政权的更迭，往往更是文化资源的流失。

《辽史》中有明确记载："其南伐点兵，多在幽州北千里鸳鸯泊……若帝不亲征，重臣统兵不下十五万众，三路往还，北京会兵。进以九月，退以十二月，行事次第皆如之。若春（出兵）以正月，秋（出兵）以九月，不命都统，止遣骑兵六万。"选择季节，是放在一切之上的大事。我甚至会推想，大宋没有被颠覆，除了长驱直入战力消耗的因素，契丹人对于南方气候与生俱来的抵触起了一定遏止作用。

除了北方兵士怕热，还有受天气因素影响的就是征战器械。由于土地纷争，契丹人都是南下征讨，在冷兵器时代，部队的战力和辎重、粮草等受制约太大，哪一点出现岔口可能就会导致战局指挥上的被动，任是常胜将军往往也会徒唤无奈。在小说《三国演义》里，诸葛亮是智慧的化身，他足智多谋，通晓天文八卦、奇门遁甲，这些用于军事上很好使。他排兵布阵，神鬼莫测。其实诸葛亮借助的是天气因素，巧借东风，助周瑜火烧赤壁。他是位看天气的高手，甚至能预测出几天之内的风云变化，这是经验积累。凭着这种优势，他打过几次大胜仗。当然，除了看天气，他还会看天象，古人认为天象代表兆头，像行军打仗这种大事，天象因素是必不可少的。也可以说，气象学家的资本，造就了他的军事家身份。

咸平四年，即1001年，辽军就选了四月开始行动，这次的季节很好，正是春暖花开时节，军人可以脱掉笨重的衣服，轻装上阵。辽军也是下了血本，想趁着宋军威虏军（今河北徐水）堡垒空虚的机会，集结八万大军南下，非啃掉这块硬骨头不可。这次辽军由辽圣宗亲弟耶律隆庆领军，谁知出门没看天气，路上就给暴雨淋得透心凉。最严重的是，辽军骑兵的强弓，竟全给淋得不能用，要想打败宋军，只能靠肉搏战了。于是辽军按照原计划，高速冒雨突进。"北面前阵钤辖张斌与契丹遇于长城口，时积雨，敌弓用皮弦，皆缓湿，斌击败之，杀获甚众。"结果辽军不战而败。

据史家统计，太祖、太宗两朝时，契丹的军队主动南进中原作战计19次，其中，选择在深秋九月至次年初春三月之间南进中原作战的有16次，约占全部主动出征次数的84％；而选择在夏季四月至八月南进中原作战的仅有3次，约占全部主动出征次数的16％。契丹人选择秋、冬及春比较凉爽干燥季节主动进攻中原地区的战略是一以贯之的，不仅是辽初进攻五代诸政权时是这样，后来与北宋对峙时也是如此，宰相宋琪在给太宗的上书中特别强调，北部沿边守军于秋冬季节要格外提防契丹军队南下侵扰，应集中兵力，以守为攻的建议："每秋冬时，河朔军州，缘边寨栅，但专守境，勿轶侵渔，令彼寻戈其词无措。或戎马既肥，长驱入寇，戎主亲行，胡羊萃至，寒云翳日，朔雪迷空，鞍马相持毡褐之利，所宜守陴坐甲，以逸待劳。令骑士并屯于天雄军、贝、磁、相州以来，若分在边城，缓急难于会合。近边州府只用步兵，多屯弩手，大者万卒，小者千人，坚壁固守，勿令出战。"深秋或者初冬时节，马喂肥了，人养精神了，正是契丹人愿意南侵的时候，边境城寨要构成呼应，不能顾此失彼，防范至关重要啊。

据统计，仅是冀中平原之后又有满城之战（979年，宋获胜）、瓦桥关之战（980年，宋失败）、唐河之战（988年，宋获胜）、君子馆之战（986年，宋大败）、徐河之战（989年，宋获胜），看似各有胜负，宋朝稍占上风，胜多负少，其形势是契丹人主动进攻，宋朝处于防御下，只要遇有松懈失利，就可能导致契丹军长驱直入。大宋朝廷始终处于惴惴不安中。

真宗继位，吕端献睿

四月里，梨花香，镇守三关杨六郎……

冀中大平原，空旷的田野上，从哪里飘来一个娃子稚嫩的唱腔？他在那熟悉的旋律里重复着这首歌谣《小放牛》。一直感觉，这歌谣在我们的唱和中那样遥远、渺茫，里边的鲁班爷、张果老、柴王爷，高踞在我们的想象里，高得岿然不移。

歌谣里的所唱，在我以为，最引人入胜的当数杨六郎镇守三关的故事了。杨六郎就是那类被神化了的人。有谁给它打个问号，这是哪个年代萌生的歌谣，它与我们的生活有何关联，因何带着悠远的奇丽想象一路走来？

笔者自小就听过这首歌谣，渐渐地，接触到许多杨家将的演义与故事，知道了雄险迂回的边关，知道了杨六郎、佘太君、穆桂英、八姐九妹等一个个鲜活人物。那时是在收音机边，每次听到，笔者会静立那里，久久对望着它。在这对望中，它为一个年少的孩子展开的意境和故事如此深远美妙，每每听到大人讲杨家将的故事，笔者幼小的心灵就展开想象的翅膀，于迷离之中任意地飞翔着。以至于长大后，那山那水那故事陌生依然，遥远依然。

历史与现实在笔者的记忆里交织着，而我更愿意把这些颇具成长性的演义当作实事来读。

便是后来看了几出戏，知道了杨家将，知道了佘太君百岁挂帅、知道了穆桂英大破天门阵，知道了四郎探母这些故事，更为故事内外的点滴吸引着。百岁老妇人能够挂帅征战，即使今天也是不可思议的事；一名53岁的巾帼领兵打仗，自然也加入了很多传奇的内容；而边关之上，四郎执意探望母亲的誓言更是亲情爱情纠结时的美丽火花。我深知，这一连串故事，在人们的记忆和愿望里已披挂了许多的神秘色彩，拉开了与现实的距离，以艺术的形式迷离着缭绕着带给我们新奇。

歌里的边关之地由于年代久远早已弥散了烽火硝烟，字里行间渗透的是迷离的故事，一直以来时空概念都被那根想象的神经抻着。此时，这种口头言传的歌谣便成了我们打开昔日真实的一枚图标。

时光无所不至地漶漫着一切，消弭着一切，真的需要我们剥离与辨析。多年后，笔者渐渐明晓，这些故事很多就生发在笔者生活的这片土地上。威名久远的三关即瓦桥关、益津关、淤口关，就在这东西绵延100多里的一线上，于历史渐渐湮没的尘埃中若隐若现。

这片土地就在笔者身边，笔者就出生在三关脚下。此刻，笔者站在三关之地，看田野农人三三两两隐没其中，专心于躬耕里，几分悠然，洒下汗水又打捞一份收成。这是一片长期被忽略的土地，它一如农人那样保持与生俱来的沉默，千年百年，保持着那份坚守。它就在冀中平原上，自然如今已没有了山的踪迹，远不是戏曲里那样的崇山峻岭那样奇幻幽深。如果看到大山，往西需要100公里，那是燕下都倚恃的苍茫太行山；往北也需要100多公里，那时巍峨耸立的古燕山。平原的土地一片平坦，铺展在那里，延伸向四方。

宋太宗在位称帝21年，对辽国的军事行动早期比较积极，采取主动进攻战略，而后来则是被动防御，趋于保守求安了。

太宗老了，不是岁数，而是心老了，其实他还不到60岁，经常陷入回忆之中，他感觉自己一生真的不容易，好在内部还算稳定，沿着太祖确定的思路发展，百姓生活有了提高，国力也在增强。外交上，东挡西杀，南征北战，要说与他的心志有差距，就是北方的契丹人和女真人越来越强大，加上西北还有西夏人的侵扰，留给后来者吧，也许他们会有破题之道。就是这契丹人，怎么这么强悍呢？他至今想来，当初的北征都是曹彬、潘美这些久经沙场战无不胜的老臣，却没有成功。莫非是自己指挥上的失误？不该北征，用错了人？可这些话大臣至今也没人敢说。唉，做皇帝虽说高高在上，一呼百应，却常常是闭塞了言路。虽然臣下在殿上高呼万岁，可历朝历代也没有长生不老的皇帝，有几个炼丹的皇帝活得长久了呢？倒是不远的唐朝有五位是服用丹药中毒而丧命的，他们是太宗、宪宗、穆宗、武宗和宣宗。至于大宋江山走多远，不想了，一闭眼什么也不知道了。秦始皇想得最为长久，打算把秦朝延续千秋万代，可是他陨灭不久，这个朝代就断送在儿子手里了。

公元997年，是年太宗已在位21年。从年初开始他就感觉"不豫"，是身体出现了问题。他自认为在皇位上还算尽力，至于民间怎么看，他也无从知晓，也无须知晓了。从这时以后，由于身体原因，他不再上朝，决策大事只能在便殿进行。可闹心的事总不间断，隐隐约约地传到耳朵里。

在西北，抗击西夏运输的粮草已到前线，就等着太宗的一声令下，来一次大规模的征讨，好好教训一下西夏了。可赶上太宗病重，战场摆好了，没有观战的，没有评判员，这仗又打给谁看呢？因此，这次行动只得先搁置了。主动打仗和被动应战就是不同，宋朝和西夏对抗中，面对相对弱小的西夏，似乎还有些主动权，不像和强大的辽国，契丹人一摩拳擦掌，只要不是夏季，他们的铁骑随时就会长驱直入。在河北永清县，近年来发现了一些蓝砖墁起的战道，据专家考证就是一千年前修筑的军事工事，里边十分狭窄，又可容纳瘦小的人进入，据推测这个地道就是专门用来探听辽军骑兵的马蹄声的。在地下没有了地上的各种声音的干扰，利用声波作用，只要附耳于墙体，能听得很远，可以早做判断，早通风报信，这不失为一种积极的防御手段。

太宗的病重，西北前线征讨行动暂停，也有麻烦事发生，很快就传来了由于连天下雨，粮食大批发霉的报告。就有大臣提议，把这些发霉的军粮发给当地百姓，换取新粮食。这时就有人从中调解，看着军粮还够，就不要难为百姓了。此时，远在千里之外的太宗已管不了这许多了。不久，太宗在万岁殿驾崩。带得走的是满腹放不下的心事，带不走的是赵家的大宋江山。

按照太宗的遗诏，应该太子赵恒继承皇位。可赵恒在继位前也出现了波折，原因是赵恒既不是太宗的长子，也非皇后所生，太宗一厢情愿地把他立为太子，总得有个名分吧，可太宗活着谁敢说这话，谁又能揣测他的心思。本应该继位的老大赵元佐早就一肚子委屈。太宗一死，赵恒这位准皇帝，在继位上出现变数也不是他所能左右的了。

一场宫廷斗争在悄无声息地进行着。这时天平有两端，一端是皇后，一端是宰相吕端。才坐上宰相位子的吕端起到了关键作用。这位吕端，有人说他糊涂，他大事上却非常讲原则，术业有专攻，有谁又能事无巨细面面俱到呢？要知道，吕端可是"肚里能撑船"的宰相。太宗病危时，吕端进宫探望病情，发现太子赵恒不在旁边伺候，就担心宫中有变。他在笏板上写了两个大字"大渐"，意思是皇帝病危，派人紧急送给太子赵恒来身边服侍，就怕有人这时搞猫腻，宋朝是赵家的，可他也是当朝宰相。他要让太子进宫侍奉，以表明这个太子身份，太子是啥？就是皇帝的继任者。

不久，太宗驾崩。这时候，曾经在宋太宗继位上立下汗马功劳的太监王继恩要有所表现了。不要小看了这位太监，由于他保举了太宗继位，便成了太宗手底下的红人，此后的恩遇没人可比。至于他使用什么手段保举太宗登基，他和太宗心照不宣。以后他便拉帮结伙，甚至举荐一些官员，许多人都会巴结他。这时，他找到吕端说："李皇后召见宰相，请宰相速到中书，商议该由谁继位。"吕端一下听出这话里有话，分明赵恒早已经被立为太子，太子就是皇位继承人，还要商议什么？这不是想推倒了重来吗？显然，李皇后是有意废黜太子。吕端感觉事情紧张起来，表面却故作镇静，心生一计，对王继恩说："先帝已经提前写好了遗诏，就藏在书阁中。还要麻烦你跟我一起去检寻出来，一看就知道由谁来继承大统。"王继恩听说取太宗的遗诏，便想先拿到手，如果上面写的名字不是赵元佐，还可以毁掉。

吕端和王继恩二人一同来到书阁，王继恩迫不及待地抢先进去。结果，他刚一进去，吕端就将门关上落锁。见过无数大风大浪的王继恩这才醒悟过来，他竟然糊里糊涂地中了吕端的计。

吕端急速来到中书政事堂。李皇后正在那里等候，见到吕端独自前来，非常惊讶，于是说："宫车晏驾。自古以来，立嗣君以年长才顺理成章，现在该怎么办呢？"言语之中暗示应该由长子赵元佐即位。吕端立即大声说："先帝立定赵恒为太子，正是为了今天，岂容另有异议！"算是排除了赵恒登基的障碍。

29岁的真宗继位后，这位王继恩结党营私的阴谋开始败露，苦日子也来了，真宗以王继恩图谋不轨、搞小串联、泄露宫廷秘密，籍没了他的家产，不到两年他就在被贬地死去。

真宗追封生母李氏为贤妃，皇长子赵元佐也是这位李氏所生，就是说，元佐是真宗的亲哥哥。眼看着本来应该是自己的帝位，却让弟弟继承，赵元佐惹不起父亲太宗，只有拿弟弟撒气了。真宗封皇兄为左金吾卫上将军，封楚王，赵元佐却报称有病而不去上朝。真宗知道哥哥心里有气，就想去哥哥家拜访，元佐推辞说，你就是来了，我也不见。可怜的这哥俩一辈子再没有见面。

这位老大赵元佐，怨气不应该发在弟弟身上，都怨他自己得罪了父皇。他"少聪警，貌类太宗，帝钟爱之"。可是，太平兴国年间秦王赵廷美触怒了太宗，赵元佐去帮助他，没有成功，后"发狂"，还不是耍少爷脾气，后来赵廷美莫名死亡，赵元佐更是夜半纵火焚宫。于是太宗把他废为庶人。

而此时，真宗对吕端却格外信任，每次见他，都是恭敬地拱手致礼，也不直唤他的名字。皇上说，各位都是元老级的，我又怎么敢和先帝比呢？吕端身高体壮，宫殿台阶比较陡，皇帝就让人在吕端经过时，把活动台阶撤掉。

接着，真宗做了一系列稳定人心的事。他看到宫中妃子太多，常年处在幽闭之中，就把岁数大的放回民间过日子；下诏用太宗的书法墨迹赐给一些名山胜迹景区；追赠过世的皇叔赵廷美为西京留守，追赠赵德昭为太傅，赵德芳为太保；他很反对各地拿珍禽异兽等当作祥瑞之物进献，他说庄稼大丰收，得到贤臣才是祥瑞呢。29岁的真宗，内部的治理在按照自己的理解有条不紊地进行，他办得不动声色，既显示了对先帝的尊敬，也加入了自己的主张。他知道，有漫长的帝王之路在等待他，责任重大，对内对外他要展示自己的手段。

宋真宗算是有故事的人。有两句诗，非常有名，可以说人人成诵，就是"书中自有黄金屋，书中自有颜如玉"，出自赵恒的《劝学诗》："富家不用买良田，书中自有千钟粟。安居不用架高堂，书中自有黄金屋。出门莫恨无人随，书中车马多如簇。娶妻莫恨无良媒，书中自有颜如玉。男儿若遂平生志，六经勤向窗前读。"一首很好的励志诗，这诗自古及今影响了无数人，他着重表达读书的重要性，金钱、美女、车马一切尽在书中寻得。对于我的启发是，文学要想体现价值，我觉得有一个重要信息就是要从身份与人与阶段出发。真宗贵为天子，一副俯视的姿态，给百姓指出一条劳身之外的崭新之路，这就是读书。宋代文人治天下，即使兵部尚书及边防军事将领也必须是文人，从这首诗中也可看出些端倪。

"狸猫换太子"的离奇传说也出自赵恒。故事主人公的传奇经历家喻户晓，妇孺皆知，一些剧团也在演出这种宫廷戏。后来清末成书的小说《三侠五义》称刘氏、李氏在真宗晚年同时怀孕，为了争当正宫娘娘，刘妃使用心计，把李氏所生之孩子换成了一只剥了皮的狸猫，污蔑李妃生下了妖孽。真宗一怒之下，把李妃打入冷宫，而把刘妃立为皇后。后来，天怒人怨，刘妃所生之子夭折，而李妃所生男婴在经过波折后被立为太子，并登上皇位，这就是仁宗。在包拯的帮助下，仁宗终于得知真相，并与已双目失明的李妃相认，而已升为皇太后的刘氏则畏罪而死。

历史当然没有这么奇奇怪怪。史载，后来仁宗亲自到陵墓察视开启宸妃的棺椁。由于宸妃遗体有水银的保护，她肤色就像活人一样，显然不是被人害死的模样。再看她的冠服，确实是皇后的礼遇。这就表明当初宸妃是因病而死，不是人们谣传的被害。仁宗也知道了社会上的风言风语，他看到这一切，长叹一口气，摇摇头说："人言哪能相信啊。"

真宗留下的故事远不止这些。在对辽关系上，对于这个几世的对手，他又将面临着博弈与抉择。

改攻为守，三关把口

在河南省巩义市蔡庄村，有一个规制很高的陵墓，它就是永定陵，是真宗赵恒最后的人生归宿地。日久天长，加之经历千年的社会变革，如今地面的建筑已荡然无存，而陵前的石刻马、羊、狮、虎等石像却件件保存完好，栩栩如生，守护着它们的主人。在永定陵区还有两位宋代大臣的坟墓，这两位就是寇准和包拯。随着时间的推移，寇准和包拯也成为戏曲里的常客，一个刚直，一个智慧，论戏份儿，比真宗要多。大概是后人出于真宗执政轨迹的考量，在众多大臣中为他选择了这两个人物作为来世的陪伴，想来真宗该是并无异议。让三人聚合一起，互为犄角，可以畅所欲言，延续他们未竟的执政理念。按照我们的推测，包拯会说些自己执法时尽管刚正不阿，却留下了些许遗憾，或者真宗哪些地方是受了蒙蔽。而寇准呢？他说的最多的肯定是抗辽的态度，尤其是和辽国在澶渊城下的最后一战，大胜之后是乘势北伐，还是必须签下盟约，这部险棋怎么出方为上策。

真宗在位25年，有作为也有缺憾，北宋在他的把控下顺利延续着。朝廷内部安排稳当，真宗抽出身来，要谋划国家大事了。他征询吕端关于军国大事长治久安的谋略，吕端说得条条有理，摆清面前事情的轻重缓急，真宗听后不住地赞许。

新皇帝的继位，军事外交于他而言是一场困难重重的考验。这时，自诩为"上国"的辽国，不可避免地要以军事碰撞来试探他的底线。

当初，宋太祖从唐朝和五代朝代更迭中吸取教训，对内致力于建立社会秩序，确立新的社会发展格调，使国家有了起色。以后，各代经济、社会、外交基本延续着他的既定模式，继续限制节度使权力，减弱或分化武人当权的局面，从而确立了文官政治。太宗继续鼓励垦荒，发展农业生产，扩大科举取士规模，编纂大型类书，设考课院、审官院，加强对官员的考察与选拔，为宋代文化繁荣做了很好的铺垫。然而，伴随而来的问题是，军事实力有所减弱。

即端拱二年（989）徐河之战后，宋辽双方在河北战场均保持比较克制的态度，因此在随后的八九年时间里，整个河北前线的态势是平稳的。问题也不是没有，这几年除了李继隆调往西北前线，郭守文、刘廷翰、崔翰、田重进这些经历战火熏陶的战将已相继去世，宋军在河北地区领军人选上出现缺失。辽却乘真宗新理国事第三个年头，开始了一波波的兴兵攻宋。他们的理由是，收回失去的关南地区，因为这是以前石敬瑭奉送的。

历史上，国家秩序往往由战争决定，靠的是掰手腕，没有调节机构。所谓外交也是派遣使者私下沟通，不在公众视线里，哪方的声音大就会向哪方屈服，或是划地，或是赔款，一系列附带条件，这个特使的角色不好当，弄不好就会落个卖国罪名。在无法沟通时，天平只好向拥有军事实力的一方倾斜了。

河北关南地区就是一个历史遗留问题。当年石敬瑭为做皇帝，轻而易举地就把燕云十六州割让给了辽国，才有了后边柴荣的北伐，打到如今的冀中，把十六州中间划开，形成对峙。宋朝试图打破僵局的是宋太宗，他一心想收复其他地区，可他没有这个能力，或者说，他低估了契丹人的实力，他的这种冒险行为在整个北宋都留有遗患，使宋辽长期处于对峙中。而此时势头迅猛的大辽也有了积怨，对于失去的关南地区心有不甘，这样的仇恨的种子埋在泥土里总会发芽的。他们吃不下这个亏，始终蓄势要收回丢失的关南。没承想，多少年后，这里依然是胶着的对峙前沿。河北平原，一马平川，由于种种纠葛，被人为地从中间划出了一条线，线的两边是针锋相对的刀枪，是腥风血雨。在过去的30多年间，谁都在试图打破这种局面。

再说柴荣皇帝苦心更名的霸州、雄州等城镇设想，他的志愿就是收回石敬瑭奉送的地盘，算是历史问题的胶着，并不带有侵略性。事实却没有如他所愿，冀中除了多了几个名称，对峙后，这里关隘的作用却比以前更大了。即使淀洼的水面波平如镜，紧张的空气提示着人们，战争一触即发，火药味随时都能闻到。

真宗继位，平静了两年多，这时的辽国对于失去的关南地区愤愤不平，于无声处听惊雷，他们也在谋划，他们心有不甘。以前的边线在瀛州南端，如今他们自恃兵强马壮，朝上好战的声音总能占据上风，他们不想就此善罢甘休。当然，他们也垂涎中原的人口和物资，希望借其缓解国内资源的匮乏。他们选择沿着太行山东部平原向南进发，躲开东部的湿滑地带，也躲开太行山的崎岖山路。平坦的河北平原中部，仅靠一条河很难遏制辽军铁骑奔驰的欲望。他们善于骑射，善于奔袭，草原的开阔练就了他们无限广阔的视野，他们相信草原雄鹰的力量，认为可以俯视一切。

对于辽军准备入侵的消息，真宗也得到了情报，积极在边防做部署。他和仁将曹彬的对话，可以看作是对当前局势确定的基调。此时的真宗，既不想扩大战争，又担心这样的守势不好对国人交代，他需要听听大臣的意见，他选择的是老成持重的仁将曹彬。虽说曹彬在雍熙北伐时犯下错误，可太宗已经惩罚了他，再说，这样的溃败也不能全怪罪到他的身上。真宗上任后依然对老臣曹彬尊重有加。多年的韬光养晦，此时曹彬没有了战争的冲动，既然皇上要他表态，他当然是不赞成战争的。他说，当年宋太祖靠英武平定天下，可是另一方面也派孙全兴从外交上谋划和好的办法。真宗听出了曹彬的话外音，不住地点头表示赞同。真宗认为，为了百姓安居乐业，他个人可以屈尊。只是，必须有个基本准则，顾及大局，这才是长久之策。这简单的几句话，可以看作是他当朝期间的外交基调——自己可以有点内心的委屈，可以忍受一些好战声音的指责，却不想和他的父皇一样主动挑起战争，一切都是为了百姓，从长远计，不能淹没于弥漫的战火中。

于是，宋真宗对辽的战争，始终是防御性的，只有在辽军进入自己地盘时再予以反击。他的底线是，既不能表现出对辽示弱，那样只会挨打，又要以打促谈。至于如何走势，那只有看战场上的胜败再做决定了。

999年，辽军小股入侵开始。在保州的严凉河，形成对峙。这次战斗，宋军除了开始遇到些麻烦，接着还算顺利，几股部队出奇兵形成了合势，兵士越战越勇，契丹人逐渐败下阵来。打扫战场，宋军打死、打伤辽军2000余人，俘获马匹500多。这是真宗即位以来对辽作战的第一次战斗，消息传到开封府，让他很是高兴了一阵，摆酒几次，宴请群臣。

这年冬天，又是趁着天冷，契丹军骑兵到达遂城（今河北徐水县）一带。这里，以后经常走进小说、戏曲的英雄人物出现了，他就是杨延昭，后改名杨延朗，也是辽人眼中凶神恶煞的杨六郎。当时守卫遂城的，正是杨业的儿子、保州缘边都巡检使杨延昭。遂城十分狭小，且不坚固，甚至缺少守城器具，契丹军猛烈围攻了几天。城中人对契丹人非常恐惧，杨延昭便将城中的丁壮集中起来，登上城头，发给器甲，率领他们共同守御。当时的天气冷得厉害，杨延昭既是一员猛将，也不乏智慧，于是一个经典的守城战例就此产生了。他传令下去，在城中大量汲水，夜晚的时候从城墙上往下浇灌到底。就这样，经过一夜的严寒，到了第二天早晨，城上浇的水结成一层冰，遂城便成了冰城。契丹再来攻城，望着光滑的城墙，暗暗叫苦。城墙又坚固又光滑，根本没法爬上去，只能望城兴叹，在寒风刺骨中败兴而去。宋军乘机出城追击，大获全胜。杨延昭获胜的消息，给人们极大鼓舞，杨延昭的大名是靠英勇拼出来的。后来人们把遂城唤作"铁遂城"，表达出对于杨延昭守卫边防的充分信任。

咸平二年至三年的战事中，身为河北前线最高统帅的镇、定、高阳关三路都部署的傅潜的表现就如小丑一般，先是坐拥重兵不敢也不知如何出战，以至于被老将范廷召等当面痛骂不如女人。之后，傅潜挟私报复，令范廷召只带一万步骑去挑战十余万众的辽军，自己答应后援却龟缩不出，最终导致高阳关都部署康保裔的部队在救援范廷召部的过程中被辽军主力捕捉到，最终被辽军优势兵力包围歼灭。而傅潜自己也因这斑斑劣迹和导致的严重后果触怒了真宗，被革职流放。直到这时，都看不出宋军有任何系统的战役指挥，宋军各部的行动只能用乱七八糟、不知所云来形容。直到真宗以宿将高琼接替傅潜的位置，又命范廷召为高阳关、贝、冀路都部署之后，战况才有所改观。

1001年7月，在宋军的河北编军侦察得知辽军意图南下的情报后，宋真宗任命王显担任镇、定、高阳关三路都部署。

说到情报，太平兴国四年的满城之战中，宋军及时赶到了威虏军南的徐河立阵，恐怕这已经是宋军在情报正确的前提下机动力发挥的极限了。而辽军的选择却远不止威虏军的这一点。如雄州一带也可以作为突破口，虽然那里的地形对于骑兵有些阻碍，但历史上辽军并非没有从这里突破的记录，如太平兴国五年的瓦桥关之战，辽军主力正是从这里南下的。正因为对方突破点多，而己方的机动力又不如对手，所以宋军在河北一直以来很少采用前沿防御，而是主要采用弹性防御，放任辽军突破边境。

高阳关，旧名关南，庆历八年（1048）始置高阳关路安抚使，统河间、霸、莫、雄、清、冀、沧、恩、保定、永静、信安十一府州军，以河间府为路治。高阳关路西起辽容城，东到海水口与契丹接壤，雄州、霸州、信安军、清州、沧州为边防州军，以巨马河—白沟河为界河，设有"河北三关"：雄州瓦桥关、霸州益津关和信安军淤口关。

高阳关路主要负责河北平原中部和东部的防御，控扼两条北南交通要道，为制御契丹之要地。一条为从北京南行，经固安—雄州—（莫州）—河间府—清河—馆陶—大名府—濮阳—长垣—开封。这条道路在雄州与莫镇之间，最窄处仅容二车相错，路高出两侧淀淀三米左右。

另一条为从北京东南行，经永清—霸州—沧州—乐陵—棣州—博兴—青州。北宋在这里置淤口关。整个高阳关路地理环境可以说是控临幽蓟，川泽回环，是极不利于游牧民族骑兵行进的。《武经总要》对此形容道："自顺安军东至莫州二十里，皆是川堑沟渎，葭苇蒙蔽，泉水纵横，此乃匈奴天牢之地也，彼则不能驰骋。又东北至雄州三十里，又东至霸州七十里，又东至海水口，皆是营田堤岸，隔水渐洳，此乃匈奴天陷之地也，彼则不能骑射。又自顺安军西至安肃军约五十里，夹两河之间，草木茂盛，乃匈奴天罗之地也，彼则不能骑战。又西至广信军二十里，夹二军之间，地多硗确，此匈奴天隙之地也，彼则不能奔冲。此中国得地形之多也。"

然而，全局战争来看，辽军还是继续往南进袭。给高阳关都部署傅潜发兵增援，都得不到回音。当时傅潜手下有8万多兵马，但他消极畏战。深入宋境的辽军担心被围，于1000年正月撤退。辽兵撤退后，宋真宗将傅潜削职流放。

战场上变数太大，最大的问题莫过于将士畏死了。至瀛州的一次战斗中，范廷召向高阳关求援，都部署康保裔选好精锐出击。至瀛州西南裴村，范廷召和康保裔约时间地点好共同战斗。到了晚上，范廷召带着部队离开了，康保裔全然不知。等到天亮，辽军把康保裔的部队围了个结实。看着四周黑压压的敌人，就有部下给康保裔出馊主意，说赶紧换掉铠甲兴许还能逃离。康保裔说："大难来临，我不能苟且偷生，我们以死效忠的时候到了。"大喊着和敌人决战，几十个回合后，士兵伤亡殆尽，箭支用完，士兵就用弩砸击，援军始终没有到来，康保裔和部将宋顺一起被俘。高阳关钤辖张凝、高阳关副部署李重贵，率援兵从后赶来，也被辽军围住，勉强冲出去。

再看这位逃脱的范廷召又有什么表演？他派使者去开封府报捷，说在莫州大破契丹，还抢回了被夺去的老幼及鞍马兵器。真宗不明真相，还高兴地作了首《喜捷诗》，群臣称贺。范廷召有功被追加检校太傅，其他将校都受了各种奖励。李重贵得知后，感叹说："大将都被俘的俘，死的死，我们还被记功，有什么脸面呢？"作战贵在配合，否则就是一盘散沙；如果再出现内讧就是大忌，可以确定离失败不远了。宋和辽国的历次冲突失利，屡屡出现不往一股绳上拧的力，轻则影响整个军事部署，重则左右着当局政策走向。

998年，有彗星出现，发出的光芒有一尺多。真宗很是沮丧，对大臣说，我继位以来，一点不敢偷懒，就想着治理好国家，让百姓享受太平生活。如今出现了异样天象，我该怎么办？吕端回答，这种所谓的变数，不过是局部影响，不会妨碍大局的。真宗叹口气说，我可是以天下为大任，不能只顾一方啊。有部下就说，很好，陛下你的这句话就足以排除妖星的干扰了。

聪明的部下巧借真宗的话题，合理地化解了他的疑惑。

由于历史积怨太深，宋辽始终处在对峙之中，双方都在积蓄力量，谋求有个了断。真宗这时候处于守势，他认为保住既有的成果已经很好。辽国却不一样，对于丢失的关南地区耿耿于怀，他们觉得有能力夺回这片土地。这样的锋头，让两个皇帝亲自出征。

真宗第一次出征，他选定的是河北地区，大概这里可以直指辽国。十一月，真宗下诏："边境驿骚，取来月暂幸河北。"可以看出这里已经有硝烟气息。十二月，真宗的亲征大军从开封出发，然后进驻澶州，真宗在澶州行宫里宴请随驾大臣，并出示阵图，分配任务。三天后，车驾到达大名府，驻营于此。这次他弄出了点动静——他穿上了铠甲，搞了一次誓师大会。只见士兵排列得整整齐齐，旌旗满野，部队严整，密密麻麻有十多里远。他感觉很满足。这次真宗的稳定军心之举还是有些作用的。当时辽军从河北分两路南下，东路由萧太后督师，由遂城攻入瀛州一带，西路由辽圣宗率领，从定州直指大名府。听说宋军摆开了阵势，辽军并没有过多纠缠，掠夺了一些物资就回去了。这次几乎是火星撞地球的战争没有出现。

在古代，帝王亲征就意味着拉开决战的架势，进攻方孤注一掷，可能感觉胜券在握，来者不善。而守方则到了生死存亡的关头，必须亲自到前沿阵地督战，鼓舞士兵的士气。宋太宗还会身穿铠甲，一副战士的装束，这些，在冷兵器时代应该有些作用。当然，这也是冒着生命的危险，是一着险棋，非到万不得已不能使的。

真宗上任后，萧太后执掌的大辽对于失去的河北平原关南地区心有不甘；加之大辽地盘不断扩大，有了足够的积蓄，夺回这块不大的地盘，和中原人做个了断已然如箭在弦上。

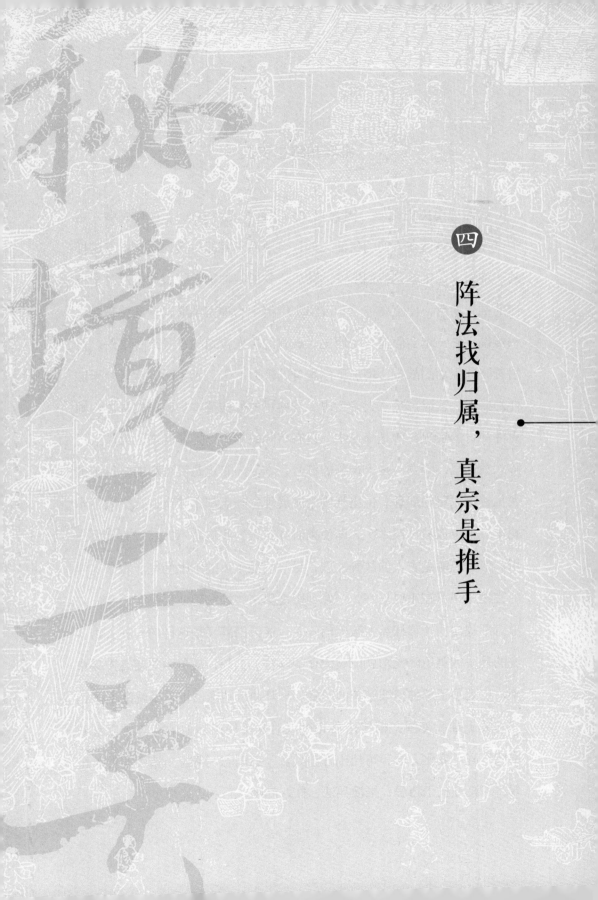

（四）

阵法找归属，真宗是推手

排兵布阵由来久

戏说远比历史精彩，因为它加入了许多艺术成分，它有故事，它神奇无比，它远在人们的生活之外，可望而不可即。人的本性就有这样的一种需求，也就是我们所说的物质之外的精神层面。人类走过对于神话的推崇期后，便会在神奇和现实之中衍生一种文学形式，这就是演义和传说。它一定会假托一个历史上既有的尽人皆知的符号或者事件，再附着一些生动的故事，增加事件本身的魅力。宋、元、明、清就处于这样的时期，这时产生了大量话本。戏曲里的穆桂英本是穆柯寨寨主，她有件神奇的宝贝，就是降龙木。只有将降龙木带出，才能借之大破天门阵。在这里，降龙木是个神秘的符号，本以为它定是不可观的，属于神龙见首不见尾的那种。但电视剧中的展现，一点都不神奇，几个人用木轮车，上边放着一段木头，即使束着红布条，我也看不出它能有什么作用。似乎一端是古人的故弄玄虚，另一端是今人的刨根问底。看来这样的玄物还是留在小说里好，一拿到影视里来，神秘感便丢失了。我们知道有部戏曲叫《穆桂英大破天门阵》，这天门阵又是这样的一种玄物。说的是穆桂英用降龙木就能破大辽的阵法。试想，战争中即使有排兵布阵，也到不了那种精细精美的程度。一阵冲杀呐喊，怕是早就乱了营。

关于推演阵图，相传诸葛亮御敌时开始使用，他的八阵图以乱石堆成石阵，变化万端，可挡十万精兵。《三国志·蜀志·诸葛亮传》记载："亮性长于巧思，推演兵法，作八阵图。"

说起宋代战争，"阵法"一词屡见不鲜。其实，就笔者看来，这阵法的发起人可追至太宗和真宗。当真宗亲征，到了澶州行宫，除了慰问，再就是出示给他们阵图。

排阵使，五代和宋军事职官名称。隋唐时期兵家十分重视对中国古代阵法、阵图的研究和应用。

从《卫公兵法》《太白阴经》和《唐李卫公问对》当中可见，五代时期也很注重阵战，其中常用阵法是偃月阵。五代、宋代出现了一个排兵布阵的军事职务叫排阵使，这是适应阵战而产生的军事职官。由于宋以后火器在军事上的运用，使古阵法在战争实践中作用才逐渐下降，排阵使一职也就慢慢地消失了。

自小生在宫廷的真宗，很少体察到真实的民情，就会有一种高高在上的感觉。他诗中言说"书中自有千钟粟，书中自有颜如玉"，是对辛苦中求生的何种轻描淡写？一个平民百姓断然不会有这样居高临下的俯视姿态，这样的界定怕只有他才想得出来。为了增强与部队的联系，同时提振军队的士气，使军士勤于操练，真宗似乎很在意自己的身份，久居太子之位的他懂得旁观的冷静思维，他知道自己的身份对于每一个平民百姓的意义，对于每个士兵的意义。他的位子太高了，可又是高处不胜寒。臣民的情绪，宫廷内的冷眼，契丹人的虎狼之心，必须时时有所防范。所以他很在意去各个军营参阅禁军，他明白有了这样的一支亲信部队自己才能安睡。看着士兵那一双双感激涕零的眼睛，他知道这意味着将士在战场上的冲锋陷阵。真宗检阅部队时很会摆姿态，哪怕是烈日当空，酷热难耐，汗湿衣衫，手下侍从打起罗伞，举到他的头顶，也被他推开，他心里明镜一样，他挨热不过是这一时，即便是表演，他仍会坚持下去，他要保持皇帝的威仪。看到士兵红红的面庞和遥远得望不到尽头的队列，他内心也在激动。咸平三年冬天那次校阅，陪同他的辅臣不住地称赞说："陛下您这种巡视军士的神武姿态，我敢说，无论各个朝代的禁卫军，也从没有享受过这种殊荣。"一番话让真宗心里无比舒畅，这正是他想要的效果。他甚至会亲自过问安排军职人员的更换提升，要把自己的观念灌输给部队。他的用人标准是看是否有才能，不过于在意家庭背景，所以即使是搞学问的、科考进榜的，如果愿意参军，也会给予相应的职务。在部队里的级别低点的军官，若是有一技之长，也会让他找到适合的位置，展示才艺。对于这些，真宗有自己的解释："各位大臣一定要记住，在芸芸众生里选拔人才，非常不容易。我总是苦心耐心地去寻访，希望得到这样的人才。从我以前在下级军官挑选的八九人来看，王能、魏能特别卖力尽忠，陈兴、张禹珪也很是出色。"这时候，这四人已经被提拔到西部和北部的边防，担任了重要职务。当然，这样由皇上发现的机会，一定是少之又少，可真宗的用人之道已经得以彰显。其中的意义很深刻，这在当时非常难得，就是要人尽其才，不管有什么才艺，都要让他发挥专长；要不拘一格，不要考虑家庭、身世等外在因素；要珍视才能出众者，对于这样的人敢于大胆提拔重用。只有敢于在沉静的水面扔下几块石子，才能换来整个湖面的一派生机，既有涟漪绽开，也有回声脆响。

阵图就是军事行动的指南，将士如有违背是担着丢掉官职风险的。1001年十月，契丹南侵，其前军抵达威虏军。当时，威虏军降雨多日，契丹军用皮革制作弓弦，受到潮湿后松弛无法使用，最高将领王显因抓住这一有利时机，命令宋军果断出击，因而大败契丹。战后，王显因没有完全按照阵图作战诚惶诚恐，赶紧上奏说："臣原先奉诏在邻近边境处布阵，以及应援北平控扼的道路。不久后，敌军骑兵已经穿越亭障，臣的前阵虽然取得胜利，但终究违背了诏命。"于是向朝廷请罪。眼见打了胜仗，宋真宗就安慰他，没有再追究。

宋神宗命令郭固讨论九军阵法，并写成书，以便分发给各路统帅府施行。郭固参考了不少古代兵法，终于写成。里面提到，将九军合成一个营阵，其外用一支军队环绕守卫。但这种阵图也让人疑惑，十万人的军队，纵横十里地，到哪里找那么大的地盘？再说九军都被一支军队做成的人墙围着，军队不能分开行动，互受牵制，不能自由行动，如何作战？总幻想冥冥之中的力量，往往就会缺失对于时局的把控能力。

戏曲里，关于杨家将的题材多得数不过来，究其原因我觉得有三点：一是保家卫国，忠心耿耿，这是民族凝聚力的集中体现；二是云雾弥漫，重峦叠嶂，给人无限新奇感；三是那么多阵法，让人眼花缭乱。豫剧的《穆桂英挂帅》，女主人公唱得慷慨激昂：

此一番到在那军阵以上，

咱老夫老妻可要并马行。

号角吹起我心头恨，

我连把安王反贼骂几声。

想当年我常到边庭走，

哪个闻名不害心惊？

这几年我未到边庭地，

尔好比那砖头瓦块都敢成了精！

想当年破天门一百单八阵，

走马又捎带了那个洪州城。

此一番到了辽东地，

管叫尔不杀不战自收兵。

这个唱段里提到了排兵布阵与破阵，有关杨家将的故事经常提到阵图，这样就给了人们迷离之感。女将穆桂英破解辽军的层层迷阵，才得以打败敌人。其实在历史上，很少看到辽军设阵的记载，辽军除了在太宗北伐时期有过防御的经历，以后都是采取骑兵南下的攻势。阵图该是受到八卦图的启发，意在军事上靠演变队列破解敌军的凌厉攻势，从而转守为攻，消耗或者消灭敌人。史载伏羲"坐于方坛之上，听八风之气，乃画八卦"，"乾"和"坤"两卦在八卦中占重要地位，是自然界和人类社会一切现象的最初根源：乾为天、坤为地、震为雷、巽为风、坎为水、艮为山、离为火、兑为泽，能够以此推演出世上各种事物的情理，从而找到破解之道，向着对于自己有利的方向发展。

这些杨家将的演义、戏曲破阵情节不是凭空虚构的，不是纯粹的艺术加工，这要追溯到宋代的两位皇帝。据李焘《续资治通鉴长编》和吴晗《阵图与宋辽战争》记述，在宋代，宋太宗和宋真宗很是迷恋排兵布阵，即使不亲自领兵打仗，好多战役都是他们预先揣摩出阵图，部署到前方，要求部队在实战中必须使用他们的阵法。

热爱军事的太宗上朝常常有个课题，就是和大臣推演阵图，有时他会很得意地拿出一份自己的作品，展示给将领，耐心地讲给他们听。那年，并州都部署潘美和定州都部署田重进入朝，宋太宗兴奋地拿出了他的最新研究成果——平戎万全阵图，一点一滴地给潘美、田重进以及崔翰等人授课，讲解得十分详细。这个阵图就体现了进攻和退守的基本策略。997年太宗已到了生命的终点，他还在忍着病体，告诫马步军都虞候傅潜说："布阵可是兵家的大法，深藏玄机，不要让外人知道，我做的这个阵图转给在河北前线防御的王超，千万注意让他不要给别人看到。等王超看时，你们俩可以一起看。"可以想见，这个阵图花费了他无数心血。

帷幄演兵控千里

太宗的儿子真宗又对阵图兴趣极大，似乎得到了其父的真传。青出于蓝而胜于蓝，真宗的推演成果比其父还要复杂，直看得将领头疼。上任不久的1000年，真宗就拿出了自己的丰硕成果——三十二部阵图给宰相研究。第二年他怕宰相没有理解，就又和他们讨论这些图，他说："契丹人侵犯边境，常常是派精兵做前锋，如果我们的防线不牢固、不迅疾，就有被入侵的忧患了。我们也必须选拔猛将，组成战队，遏制住他们那么迅猛的冲击。辽军又善于派骑兵冲到后边切断我们的粮草供应线，那么我们就要针锋相对，可以再选几万骑兵殿后来防范他们。"这样的推演，自然是吸取了太宗时期的教训，真宗的这些阵图就是侧重防御辽军骑兵的偷袭和保卫后方粮草补给的。

1003年契丹人入侵河北平原，真宗马上和宰相研究出相应的阵图："如今敌人还没有冲过来，必须阻止住他们的攻势，部队再多，也要选择精锐人员，在关要部位阻止他们。镇州、定州、高阳三路的军队，可以在定州会集，紧靠唐河摆开大阵。估量下他们的远近距离，埋伏在树林里，他们侵入要坚守好阵地，不要追击他们，等到他们休息时，就敲响战鼓，发出叫喊，但不要出击，再让先锋部队和策应的先锋把他们带进大阵里，再让骑兵在中间，步兵在四周，短兵相接，也不要离开队列，要保证阻止他们的骑兵无法侵入。"这样的交代，可谓细致入微，连远在河北平原前线部队和敌人会战的地点以及步外骑内的战斗部署都给规定好了。

史载，1004年八月，真宗出示阵图给辅臣，十一月又出阵图给殿前都指挥使高琼等人。如此，宋太宗和宋真宗时，预先设计阵图之风盛极一时，即使是后来，虽然战事不多，皇帝依然迷恋推演阵图。伴随而来的问题是，战场上瞬息万变，将领必须善于抓住战机，出其不意打击敌人。而这种由皇帝一手抓的教科书式的排布方式，在战场上发挥多大的作用是个未知数，皇帝的过于自负，以军事家自居，高居深宫，不给阵地将领发挥空间，无疑会带来负面影响。979年的满城之战，宋太宗派一批将领带兵八万，迎击辽军，按照他的预先"赐阵图，分为八阵，俾以从事"，却落得一场大败。按图索骥的后果是，一些将领或是胆怯，或是懒惰，机械地照搬阵图，在瞬息万变的战场遗失战机。再者，在事先不知辽军入侵的队形时，先期给前方设阵，已然触及了兵家大忌：只知己而未能知彼。总的来看，宋辽对抗，宋军负多胜少，他们的阵图毕竟没有显出奇效，久而久之，反而给前方的将领带来了负担。后来的王安石就说，像王超、傅潜这些人，似乎并不害怕败绩，他们只求不承担全军覆没的罪责就满意了。试想，这样的打工式的思想，在战场上，必难出彩。宋代较少军事家，就是因为明哲保身，才会让杨嗣、杨六郎这样的级别不太高的军官逐渐显露出来。而他们的战果，与潘美、曹彬这样的高级将领相比，无疑作用要小得多。即使胜利也是局部的，很难影响整个战局。像杨六郎在遂城、羊山取得的胜利，并没有对辽军南袭构成重创，形成阻遏作用。

五

决战澶渊，设界三关

　　说到澶渊盟约，我们先追溯一下历史，知道这个结局，离三关一带的硝烟熄灭不远了。

　　那天笔者特意去走了一次淤口关——其实由于老家就在这里的原因，自小笔者在这里求学赶集，串亲访友，出出入入。同样的地点，由于一千年的时间流逝，没了硝烟，没了界河，真如苏轼所说，浪花淘尽，在江边是浪花的力量，在平原是泥土的力量，它在沉默中将一切欲望淹没。甚至连当年的白沟河，都已被后来从北方夹裹着泥沙的桑干河淤为平地。笔者去过这里，本想感受边界的分量，却毫不费力地就越过了那条边线，甚至说不准哪里是教科书中的线，可是笔者知道已经走过了。四周只有土地，田野里有人在收割大豆，也有的在收花生，他们是那么的安静，静得听不到他们交流的声音。笔者不想去打扰他们，只是远远地看着，悄悄地走过去。

　　关于三关，《宋史》分别有如下记载：

　　雄州："本唐涿州瓦桥关。政和三年，赐郡名曰易阳。崇宁户一万三千一十三，口五万二千九百六十七。县二：归信（有张家、木场、三桥、双柳、大涡、七姑垣、红城、新垣八寨），容城。"

　　霸州："本唐幽州永清县地，后置益津关。周置霸州，以莫之文安、瀛州之大城来属。崇宁户一万五千九百一十八，口二万一千五百一十六。县二：文安（有刘家涡、刁鱼、莫金口、阿翁、雁头、黎阳、喜涡、鹿角八寨。元丰四年，割鹿隽寨隶信安军），大城。"

信安军："太平兴国六年，以霸州淤口寨建破虏军。景德二年，改为信安。崇宁户七百一十五，口一千四百三十七。寨七（周河、刁鱼、田家、狼城、佛圣涡、鹿角、李详）。"

平原是道线，越界掰手腕

这里说的是一个群体的性格特点，河北一带的人朴实少修饰，崇尚节义有时又有些固执。这有着历史因素，也是风土人情的积淀使然，才有了荆轲、高渐离等一批义士，才有了唐代的范阳起兵、明代的燕王扫北、刘六刘七起义，有成有败都成往事。宋辽多年的战争，终于换来了一份字面文书。纵观往事，战争都是暂时的，和平才是永恒的，战争都会露出狰狞，但是在时间的打磨下，所签下的字迹会显出历史记忆的分量。《周礼·秋官·大司寇》里说："凡邦之大盟约，莅其盟书而登之于天府。"盟约作为一纸文书，藏之于国家档案馆，留给后人评说时，战争发动者所藏有的私心跃然纸上。

盟约更体现信誉，《史记·黥布列传》说："夫楚兵虽强，天下负之以不义之名，以其背盟约而杀义帝也。"当年，楚国背信弃义就付出了代价。《三国志·吴志》也讲："汉之与吴，虽信由中，然分土裂境，宜有盟约。"盟约是一种对立之后取得的平衡结果，因此也是值得期待的。

连年的战争，使宋辽双方消耗极大，却都在以战场的进退以一种不服输的姿态试探着彼此的底线，都想找个可以接受的托词休战，以保留颜面。这样的僵持是用时间来衡量的，是以牺牲人类的生命为代价的。民族的、地缘的、政治的、文化的、宗教的，如此等等，都会成为两方势力之间的鸿沟，以刀光剑影开路。

战争来临之际，战场考验着人的智慧。在时机面前，是主动出击还是被动防御时，境况往往会瞬息万变。河北三路都部署王超等请求招募青壮年以及派精兵深入辽国境内。王超的意图是，眼下战争气氛如此浓烈，我们必须以进为守，主动在边关骚扰他们，转移注意力。为了牵制辽军在河北防线最西段的定州方向的攻势，1001年辽军进攻遂城时，宋军采纳知雄州何承矩的建议，使用围魏救赵的战术，在整个河北防线最东段的乾宁军（河北青县）派出部队，搭乘水军的浅海巡逻船，自白沟河入海，从渤海湾在辽境的平州（今河北卢龙）登陆，发起进攻，以吸引辽军主力回救。这是自雍熙北伐以来宋军第二次动用海军运送陆军部队跨海攻击辽境。同时，在东线的淤口关、益津关，宋军均出兵对辽境展开了牵制性的进攻。可惜效果不大。

真宗自然不主张先入为主，他的战略是诱敌深入，他说："无缘无故地搞军事活动，又不能挫败他们，白白在边关惹是生非，还是打消这样的念头吧。契丹人即使南下，也不过是进行骚扰，他们不敢轻易地长驱直入的。"真宗始终认为，即使是开阔的河北平原，由于有层层的关路防线，契丹人也不敢深入腹地，因为他们冒着被截断退路的风险。他们的骑兵无非是骚扰，很难站稳脚跟。他等待辽军深入的想法和他老爹的想法如出一辙。这次真宗的判断与事实有些出入。

这时，威虏军、莫州一起给皇上报信："契丹奚王及南宰相、皇太妃、令公各率领四万多骑兵，从鉴城川到达涿州，声言要整顿平塞军和故城、容城一带的秩序。"辽军兴师动众到前线，当然不是仅仅整顿自己的边防，肯定有战争的预谋。真宗显得很平静，思考之后，做了种种布置："契丹人的骑兵善于在开阔地带作战，修缮城堡必然不是他们的意图。马上给守边的将领传达旨意，他们如果在边关燃起战火，就合力保卫望都，派大兵包围唐河，再让威虏军、静戎军、顺安军、北平寨、保州派兵增援，仍然是利用方田抵御他们的骑兵。如果还没有效果，就在定州构筑起防御工事。"

这里，我们看出真宗在河北地区布置了大量的军队，彼此形成了接应，一呼百应。此时有两道防线，一是望都，二是定州。以东就是真宗用来作为战争防御设施的方田，冀中水田宽阔，骑兵难以奔袭。

这时的真宗底气很足。和太宗时期比，宋朝的军事有了十足长进，太宗北伐幽州，从来都是辽国骑兵冲锋，宋朝步兵防守，十万人的大军，经常只能抽出几千骑兵。打仗不够用，追击不用使，大多只能干点侦察的活。而现在，宋军知道了骑兵的作用，训练的多支骑兵部队，敢于和辽军抗衡。

接着，一场紧锣密鼓的部署开始进行了。诏威虏军魏能率部队驻扎在顺安军防备辽军。传书高阳关都部署周莹等在边境部署军队，防止辽军偷袭。传谕北边诸路巡检魏愿等赴高阳关东路，李致忠等赴青州一带，荆嗣等和刘汉凝会合，田思明等率兵至莫州、顺安军防御。要求镇、定、高阳关都部署王超，在敌诱袭时，见机行事。

同时，宋军严明军纪，要求部队各个级别，一级对一级负责，违者受连带责任，一律处斩。

一时间，河北平原战争乌云密布，宋辽最后的一次大对决即将开始。在太宗之后的十来年间，虽然偶有辽军入侵，却没有大的冲突。可这段时间戍边的将领却发生了变化。这时在河北平原，真宗大量起用将领如傅潜、王显、王超、王继忠等担任河北前线的高级指挥官。而这批既没有丰富的战场经验，又没有横溢的军事才华，仅凭其出身便爬上前线高级指挥官将领的地位，畏手畏脚，直接导致宋军前线指挥层结构的削弱。当然，这时期辽方也失去了耶律休哥和耶律斜轸两位所向披靡的战将。他们为大辽东挡西杀立下大功劳，是耶律休哥在岐沟关破了仁将曹彬金身；耶律斜轸在太宗伐辽时，于高梁河大败宋军，令太宗乘驴车逃亡，也是他，在雁门关战役中俘虏宋军名将杨业。

而此时，宋军一些中级指挥官荆嗣、魏能、杨嗣、杨延昭、张凝、秦翰等人也在日益成熟，在河北战事中屡有出色发挥。

这次，让雄州知州何承矩充满信心的河北平原的淀洼河流这些屏障没能阻挡住辽军的铁骑，真宗推演多年亲授的种种阵图并没有他预期的那般玄幻。

萧太后始终对早年丢失的关南地区心怀激愤，1004年秋，51岁的她决意为辽的后代打个好的底子，遂和宋朝摊牌，立意收回失去的关南地区。她相信草原骑兵的实力，这让她的欲望不断膨胀。我想起后来一些戏曲里的穆桂英、佘太君，总感觉是萧太后的影子，事实上宋朝军队不大可能有女将领带兵，实现这个愿望的只有大辽的萧太后了。古人总以中原文化为正统，这样的观念下，难免会有对异域文化的排斥。而历史上，每个时期都是处在中华版图多元文化的碰撞与交融之中，日积月累，巨大的包容性使它结出灿烂的花朵，一起构成我们赖以沿传的文脉。

这次萧太后与辽圣宗亲率二十万大军大举南侵，趁着秋天雨季过去，越过白沟河深入宋朝控制的地盘。看到秋天地里的庄稼，她无比兴奋。这一带有着良好的水利灌溉条件，历史上就是富庶之地。当年秦朝军队所向披靡，打到太行山，燕国岌岌可危时，燕太子丹派义士荆轲给秦王献上的地图，就是这片土地，那时这里叫作督亢，属于令人垂涎的"膏腴之地"。哪知燕国拿这地方作为诱饵，险些让荆轲抽出地图里的匕首，刺死秦王，才有了一个成语"图穷匕见"。她自认为，如今的辽军，要超过秦朝的部队，她有理由张扬铁骑所到之处的残酷无情。

契丹人的战争能力基于一个简单的要素，就是弓骑兵，强弓配骏马，有速度有攻击力，绝配。弓骑兵的基本装备是双曲复合弓，拥有惊人的穿透力和射程。它的射程超过300米，但通常用于较短距离的战斗，其实即便是150米以内也能占得先机。这种弓射出的箭甚至能够轻松射穿锁子甲以及其他护甲。在这种矛与盾的较量中，矛有了绝对优势。受过良好训练的契丹军队以三至五匹马相互配合，组成一支战斗分队，可拼可组，就能轻松地发起一个局部作战。士兵大多装备轻型护甲，他们的护甲是以皮革或金属制成的薄甲，较锁子甲更善于防箭。虽说骑兵古已有之，作为草原的轻舟，马具有的驰骋天性得以最大限度地体现。故此，在将马的机动性与弓箭的火力相结合这一方面，游牧民族无疑融入骨子里了。这样的战阵，可以助长胆量，在冷兵器时代让他们无所顾忌，一往无前。

反观宋朝，一个在多年乱局中走来的朝廷仅是人数众多，却也没有了优势。从事实来看，由于军队设置烦琐，长官没有独立指挥权，倒是形成了掣肘。千年后的今天，我们作为旁观者，通过精细化分析，孰优孰劣已见分晓。

当然，领教过中原炎热天气的草原人不适应平原上的生活，按照萧太后的意图，一是教训和恐吓一下宋朝，二是夺回本来属于上国大辽的关南。所以，他们的战争是在边打边议和中进行的，更想带有震慑性质，靠震慑而达到目的，而不要由于全部卷入与中原的战争导致大量的人员伤亡。辽军打到定州，俘虏了宋朝云州观察使王继忠，宋军仍然死守城池。这样的深入对于辽军有些冒险，他们深知宋朝这些年国力有了显著增强，时时担心腹背受敌。所以辽军目的很明确，只要宋肯归还关南，就马上撤军。这样的谈判条件越过了真宗所能承受的底线，他的基本原则是不能失去土地，因此真宗断然拒绝了辽军的要求。战争因此持续下去。不久，辽军主力集中于瀛州（今河北河间）城下，日夜不停地攻城，宋军死守城池，激战十多天未能拿下。于是辽军分头在冀中一带进行袭扰，萧挞凛率军攻克祁州（河北安国），萧太后等人率军与之会合，然后合力进攻冀州、贝州（今河北清河）。这是河北中部的最后一道防线，撕破了就会到达与河南接壤的河北南部地区。宋廷赶紧传谕各路部队和澶州军队在河北南部的天雄军（大名府）集结，把大名作为一道必守的屏障。

见好就得收，设界在白沟

对于辽军在河北的凌厉攻势，宋廷朝野震动，面临着艰难的抉择，或远远逃亡，或者冒险死战。眼看着自己数十万士兵部署的阵图像布匹一样嘶嘶被扯破，真宗领教了辽军的厉害，留得青山在，不愁没柴烧，他产生了迁都南逃的念头。宋朝大臣王钦若主张迁都升州（今江苏南京），陈尧叟主张迁都益州（今四川成都）。宰相寇准力请真宗赵恒亲征，他说：谁要是劝告陛下做迁都之事，就有当斩大罪。如今皇帝神武，将帅齐心协力，如果皇上御驾亲征，鼓舞部队士气，敌军必然会溃退的。或者我们出奇兵干扰敌人的计谋，坚守城池消耗他们的锐气。我们处于守御状态，而敌人早已疲惫，因此我们肯定是胜券在握。又怎么能舍弃宗庙，远迁到楚天蜀地呢？一时间，真宗莫衷一是，转念一想，即使迁都也要和辽军再拼一下，因为手中还有可以部署的兵力，实在不行再撤。

寇准一介文官，为什么冒着风险，顶着各方压力执意要皇帝亲征呢？他当然不是头脑发热，而是早就做了细致的判断。他认为，虽然辽军先头部队攻势凌厉，可是在河北前线的许多部队正好可以进行拦截，斩断敌人的退路，还有就是在历次抗辽战斗中屡立战功的杨嗣和杨延朗等人，也自会有英勇之举。寇准不相信，河北地区的几十万大军这么不堪一击。这时，主战的杨延昭也在上疏，并献上计策，建议整顿各路人马，控制住辽军侵袭的要路，一定可以击败他们；更为重要的是，在这个时候大胆出击，深入北方，以攻为守，实行反钳制策略，攻取辽的幽州、易州，不信他们不回撤。遗憾的是，真宗此刻风声鹤唳，唯恐战事扩大局面更不好收拾，并且此时辽军已经派人发出求和的信号。所以杨延昭的这个大胆建议未被采纳。

当然寇准还做了许多准备，他派人到前线侦察情况，根据对敌情的分析，制定了一套抗敌方略。他做出部署："目前敌人已至深州、祁州以东，我方大军在定州及威虏等地，东路别无驻军。应一面调天雄军步骑万人，驻守贝州，派孙全照指挥，遇敌掩杀；另一方面招募民兵，深入敌后，袭击敌人据点，兼以报告敌情。这样就可以振奋军威，安定人心，打乱敌人的军事部署，并可与邢州和洺州的军事据点构成犄角之势，以便攻守。万一敌骑南下攻入贝州，即应增援定州，向东北进攻，牵制敌人后方，使敌兵不敢纵深作战。"

发动战争是有底线的，一旦战火烧起，打到什么程度，要事前有预判。萧太后此次带兵南下，当然不想灭掉北宋，二十万军队的攻势不足以吃掉大宋。而且，虽然这支部队长驱直入六百多里，有了纵深，却没有拿下一座像样的城池，只是一味地突进，风险系数过大。因此，南下之时，萧太后边打边通过口信表达出和好的愿望，条件只有一个——归还关南。

这时，急于停战的真宗很想答应她的要求，他想到宋辽这些年的无休止对抗都是因为这块地盘，原本这里也是后晋所送。他对大臣嘀咕着："我想起前几年的全盛时，也是把讲和看作是利好。我刚登上宝座，吕端等人就建议，想借着太宗辞世的机会，派人给辽国发讣告。还有就是知雄州何承矩请求在两国开战时向他们传达求和的意向。我认为两国一直没有交往，这些也不能强求。历朝历代，北方的草原部落都是中原的强敌，如果不以德来感化，而用武力施加威严，凭他们的凶悍本性，又怎么会降服呢？"参知政事毕士安等人的话不无恭维，他们认为："就今年从契丹那边得到的信息，都认为陛下无比神武，国富民强，惧怕哪天再发兵收复幽州，所以不如主动出击进攻我们。如今他们的侵袭受挫，又没有借口退兵，才让早先俘虏我们的边关将领王继忠表达求和愿望。"真宗还是一脸的愁苦，他不是不想接受求和的条件，只是害怕辽军的出尔反尔，他将信将疑地摇摇头说："你们只知其一，不知其二。他们在受挫的时候请求结盟，这是自然的事。可是达到目的后，一定会再提土地的要求的。如果是委屈自己，使百姓免于战火，派遣使者，给他们些财物，倒是可以接受。我现在怕的就是，关南之地曾经属于辽国，他们再对此地提出要求，这是万万不能的。我要带兵亲征讨伐他们。"

这样，双方在不能取得信任的情况下继续在戕火中僵持。谈判桌上，最有力的话语是由战场的态势决定的；没有胜算，即使巧舌如簧也无济于事。

东方不亮西方亮。虽说辽军局部受挫，但由于是分路出击，别的战场却在节节得胜，在攻克了德清（今河南清丰）后，很快就三面包围了澶州（今河南濮阳）。澶州地处黄河岸边，是保卫京师的屏障，称"北门锁钥"。宋将李继隆不敢怠慢，没有还击之力，只能使出招架之功，大门紧闭，城墙上多部署弓箭手，多备礌石，高度戒备，死守澶州城门。按照真宗的设想，拱卫都城开封的最后两道屏障一是大名府，二是澶州城。辽军踏过大名府后，一路南下直奔澶州，澶州离开封仅有200多里，对于辽军的骑兵来说不过半天时间。眼看辽军打到了澶州，开封府基本是大门洞开。虽说朝廷在澶州派有重兵，加上禁卫军，实力足够雄厚，可这支军队并不让人放心。大宋立国后，历次和辽军作战，无论是主动出击，还是被动防御，都有较少战绩。取得的胜利也是局部的，像杨六郎、杨嗣他们的小胜，可叹的是那些南征北战屡获战功的元帅都是以失败告终。话说回来，辽军确实强大了，单纯将战败归咎于这些宋军大将显然也不客观。

平日里安静的澶州城，这时内外会集了宋辽的各路大军，双方都知道这场战役的分量：辽军攻下澶州，就接近了开封，自己手中就有了可资谈判的充足的资本，既要回关南，又可以索要一些赔偿，这在萧太后来说是红利了；宋军一旦再败，只得丢下百姓，弃城而逃，那样即使以后卷土重来，也会颜面扫地，再树什么威风怕是很难的。所以，这时已经没有退路，可谓殊死一搏。双方都想在这场战争中增加谈判的砝码。战前的城池是死寂的，时间好像凝固了一样，空气紧张得随时都要炸裂。

辽军的抛石机和简易火炮对准了城楼，要对这座城池进行毁灭性攻击。这时，出现了戏剧性的一幕，辽国前线统军萧挞凛自恃果敢无畏，带着数十轻骑到澶州城下的一片树林查看地形，寻找攻城的突破口。事情往往在一个微妙的瞬间就会出现转机，宋军大将张瓌在城墙上隐藏着，指挥部下用伏弩射击，这又远又准的箭头就射向了萧挞凛。自觉没有危险的萧挞凛头部中箭，没有发出一声喊叫便"扑通"一声坠落马下。战场贵在出奇兵。萧挞凛本以为在弓箭射程之外，而且面向宋军城池的一面有盾牌兵，显然是很安全的。结果宋军驾驭着这个笨重的大家伙，数十弩齐发，站在高坡的萧挞凛成了靶子，第一箭就命中了战马，他本人随后肋部中箭，本还能发狠地把箭拔下扔到地上，可转眼间又被一箭穿透盔顶，因力量太大，箭从另一侧穿出，顿时支撑不住倒地。这种强劲的冲击足以致命，当晚，萧挞凛便身亡，死时身中六箭。事后，有人猜疑，这是宋代使用了最新的军事武器"火箭"，由于有火药的推力，箭头超出了一般弓箭手的射程。其实，这是一种威力巨大的床子弩，它依靠几张弓的合力将一支箭射出，要二十人转动轮轴才可拉开，远大于一人操纵的传统弓弩，射程可达五百米以上，这样的远程武器，可谓视线之内都在杀伤范围。

出师未捷先损大将，一时辽军的士气严重受挫，出现了慌乱。萧太后听说萧挞凛战死，这位敢于战场拼杀的女杰，不禁失声痛哭，为之"辍朝五日"。《辽史》也有这样的记载："将与宋战，（萧）挞凛中弩，我兵失倚，和议始定。或者天厌其乱，使南北之民休息者耶！"看来契丹人也很看重时气，他们认为这是不祥之兆，是上天在阻止一场战争。字里行间可以看出，辽国这次大规模南侵，也没有想全力击败宋朝，而是想狠狠教训一番，逼迫宋朝归还关南地区，没想到进击比较顺利，很快就打到了澶州城下。也基于此，辽军从后勤准备上也有不足，也怕像当年他们在岐沟关截击宋军那样，受到围攻而腹背受敌。因此，这时就萌生了讲和的念头。

此时，宋真宗一行在寇准的保驾下也到达了澶州。他对此行虽说不是很情愿，可事已至此也只有这一步棋可走了。他要鼓舞士气，他的身份有象征意义。接着，真宗在寇准等人的陪同下登上澶州北城门楼，以显示督战的姿态，守城的将士对于皇帝到来感到无比振奋，高呼"万岁"的声音此起彼伏，"声闻数十里，气势百倍"，提振了守城将士的士气。

其实，在宋朝朝廷之上，主战的声音不是很大，寇准喊得最响，寇准的理由是辽军长驱直入已属强弩之末，只是侵扰而不会构成威胁。事实证明他的判断是正确的，同时也显示了他异乎寻常的魄力。他认为只有处于绝地才会形成反击。真宗却是心里惴惴的，生怕有个闪失，到澶州北城象征性地露了一脸后，赶紧回到南城行宫。殊不知这时最紧张的是寇准，他必须在保证皇帝安全的前提下，做出军事部署。他选择留在了北城，分析敌情，指挥作战。真宗这时虽然回到南城，却更加坐立不安，又派人到前线了解战局。却见寇准正与人在城楼上喝酒下棋，好不气定神闲。真宗悬着的心才平定了许多，不住地称赞寇准。

几十年后，怀有政治抱负的文学大家范仲淹曾经把寇准和王曾两位宰相做过比较，他评价说：王文正公为相二十年，人莫见其爱恶之迹，天下谓之大雅；寇莱公澶州之役，而能左右天子不动如山，天下谓之大忠。我们细想一想，寇准的压力来自三方面：一是必须对皇帝安全负责，二是要和那些委曲求全的大臣做斗争，三是前线战斗要有一定胜算。条条都是把他放在生死线上的炙烤。当然，此时他如果选择观望与附和，也未尝不可。然而作为要臣，在关键时刻不畏缩，不推脱，大义凛然，敢做敢当，这就是真实的寇准，属于他的真性情。

千百年来，他成了人们喜爱的人物，也走进了戏曲与演义，成为主角，与人们对他的爱戴有很大关系。乱象之下出豪杰，寇准的品格就是在这样的环境里显露出来的。

这个时候，契丹方面却遇到了一定的困难——尽管它们这次出兵进展顺利；但是战线拉得过长，补给非常困难，再加上孤军挺进宋朝腹地，万一战败，后果不堪设想。萧太后本身也是一个很务实的人，在出兵之前，她就做好了可战、可和的两手准备，所以在这种情况下，也有心同宋朝和谈，于是便听从了降将王继忠的建议，派人到澶州转达了自己罢兵息战的愿望。

对于这样的情况，真宗似乎没有准备。他本以为这肯定是一场鱼死网破的恶战，而他对于取胜也没有太大信心，又不忍看着偌大地盘失去。真宗的底线就是以打求和，加上辽军有了求和的暗示，这正符合他的心思，只要不归还关南的地域，别的都好谈。所以他不顾主战派寇准等人的反对，决定派大臣曹利用去辽营谈判。

重任在肩，曹利用不敢怠慢，自然要探到真宗的底细，临出发前，他询问真宗："我们打算每年给辽国多少金银、丝织品？"真宗摊出底牌：到了迫不得已时，一百万也行。

曹利用领命去了，此时契丹求和心切，也不敢狮子大开口，几经讨价还价，双方达成了宋朝每年给契丹岁币银10万两，绢20万匹的协议。曹利用自觉光荣地完成了任务。

有这样一段记载，可以互证真宗此时的心理。曹利用正要和辽国的韩杞在行营中议和时，寇准想做阻拦，他还说出了自己的几条思路，跟真宗说，这样的话，可以确保百年和辽相安无事，否则不定哪天，辽国还会索要关南的。真宗说："几十年后，自然有抵御他们的人出现。我啊是不忍心看着一个个生命遭灾遭难。目前还是接受他们的讲和要求吧。"

事实上，宋朝在澶州取得了局部胜利，辽军的战斗力依然很强大。有个事例可作明证，两国和好后不久，宋军在整修高阳一带的战壕时，发现辽军丢弃的箭头就有四十万支，可以想象他们的攻城能力有多强。在瀛州，检查俘获的辽军攻城战具，都是非常精致，刀锋相当锐利，梯子、长竿，都用铁皮包起来。有一块城上不大的悬板，上边被射中的箭头就有二百多支，这时契丹人正逢兴盛期，地盘大、物资足、准备新，战斗力远在宋朝之上。从这可以看出，衡量一个国家的军事实力，一定要跟敌方的实力做对比，而不能简单地自己比较。须知在历史长河中，整个世界都是处于发展之中，而恰恰是这个时期，游牧民族契丹人达到了空前的壮大。只有认识了这个区域的大格局，才是历史唯物主义者应持的态度，切忌妄自尊大和妄自菲薄。

宋朝虽然拿出了岁币，但真宗对于自己的这份息战作业很满意，仔细斟酌后命人在档案里写下如下文字："自此保安黎献，慎守封陲，质于天地神祇，告于宗庙社稷，子孙共守，传之无穷，有渝此盟，不克享国。昭昭天监，当共殛之。远具披陈，专俟报复，不宣，谨白。"从此后，百姓安居乐业，边防安宁，也可以告知天地，告知宗庙，造福子孙后代，代代相传。谁违背了，老天会惩罚的。

具体地，澶渊之盟有这样的内容：

一、共遵成信，虔奉欢盟。以风土之宜，助军旅之费；每岁以绢二十万匹，银一十万两，更不差臣专往北朝，只令三司差人搬送至雄州交割。

二、以白沟河为国界，双方撤兵（辽归还宋遂城及瀛、莫二州）。此后凡有越界盗贼逃犯，彼此不得停匿。两朝沿边城池，一切如常，不得创筑城隍。

三、沿边州军，各守疆界。两地人户，不得交侵。

四、双方于边境设置榷场，开展互市贸易。

这就是后来颇受争议的宋辽澶渊之盟。这份盟约在当时却是意义非凡，之所以双方能坐下来签署一份协议，大的方面讲，是近四十年的征讨与防御，宋、辽都已精疲力竭，百姓向往和平。从具体内容说，以友好往来为根本，又各有所得，宋朝得到了燕云十六州中关南的土地，北方冀中平原的水上屏障优势得以保持，而契丹人得到钱财补偿也是一个不错的结果。最先表态的自然是真宗，这样的结果他很是满意，想着多年来的心血，想到河北中部边境将消停下来，他以为自己付出的太多了，于是欣然写诗留念：

> 锐旅怀忠节，群胡窜北荒。
>
> 坚冰消巨浪，轻吹集嘉祥。
>
> 继好安边境，和同乐小康。

大宋的精锐部队，保持着对朝廷的无限忠诚，让契丹人退回草原上，一场大动荡被化解了，可以预料的是很快就将出现一片祥和气氛。国泰民安，举国百姓享受和平生活。这和范祖禹所说"异族和我们一样，懂得趋利避害，懂得爱惜生命，远离死亡"十分吻合。他把异族看作中国版图的一部分，只要能够和平共处，偃旗息鼓，一切都可谋划。

再看辽国的反应，在倾巢出动后，面对这样的一纸协议他们还是有些失落的，因为与他们的最初动机有些出入，"本谋关南之地，若不遂所图，则本国之人负愧多矣"。战争的结局只有两个：不是一方失败，就是全面对决下的妥协。辽人签署协议，等于是放弃了对于瓦桥关、益津关、淤口关三关一线，以及莫州、瀛州这些关南地区的索求，要知道这次战争的目的就是拿下这片土地。当然，这个协议至今令人颇有微词，这是因为宋朝是在战胜的前提下，签署了以岁币换取争议地区的认可，就是委曲求全。历史事实是，这个盟约签订后，双方都以真诚的态度履约践言，宋辽此后120多年履行盟约未发生明显冲突，而宋朝的国力也提升到历史新高度，一批文化、科技成果也应运而生。

无论后人怎样评判，从长期和平共处来看，人民从此免于纠缠不止的战争伤害，算是双方都能接受的利好盟约了。

从内容来看，这个盟约规定得非常详尽，看出双方都展示出诚恳姿态，各自也做出了让步，辽国归还一些占领的城池，宋给予一定财物补偿，还规定了开设榷场，加强经贸往来。

澶渊之盟的签署，之前一直处于对峙状态的白沟河成了两国官方认可的界河，两国的地盘仍然维持战前的状况。我们熟知的三关瓦桥关、益津关、淤口关沿白沟河一线自西向东铺开，当然这几个地方之前后周皇帝柴荣时期已分别叫作雄州、霸州和信安，性质却发生了转变：由以前因争议而发生的边关对峙，成为两国交界。

一些文人的作品也许更能体现出民间期望和平的意愿。宋英宗时期的状元彭汝砺写道：

> 往来道路好歌谣，
> 不问南朝与北朝。
> 但愿千年更万岁，
> 欢娱长祗似今朝。

硝烟散尽，最大的受益者就是边境百姓。战火连年，人烟已然稀少。为让这些百姓安居乐业，朝廷还专门给河北州军下诏书，百姓卖给官方谷物，价钱一定要合理，调动他们的积极性。凡是战争期间落入北国后返乡的，原来的家产都要退还个人。大西北有使用牛犒犒劳的习俗，朝廷就下诏，今后可以用羊、猪替代，把牛留给内地的农民耕田，发展生产。

由于连年战火，军队人员也出现了短缺，宋真宗与宰相王钦若说：河北的骑兵，总有人诉苦说受守卫边防劳苦功高，可是军官有缺位只是在自己军队内补充，也不是个好办法啊。后来就下了个折中的命令，副兵马使及副指挥使，听从部队补充，指挥使以上的官员，要由朝廷委派。

最让真宗闹心的是边境的兵力问题，尤其是人吃马喂的骑兵，都散去吧，边境由谁来守？不散去吧，和平时期消耗又太大。犹豫不决中真宗就和王钦若商议：各路骑兵，经年累月，缺额渐多。虽说是和平时期，武力也不能荒废了，如果选当地农民从军，作战素质又不具备。最好是军人子弟，他们愿意继承父业，可问题又来了，父亲儿子不可能在同一队伍，不能团圆，想来想去也没拿定主意，那么如果是这样就让父子隶属一个部队。宰相王钦若很赞同，连竖大拇指：皇上真是好主意，这些子弟常年跟随父兄征战，早就成了军营里的人，让他们参军，还能避免和农民争田争地，这才是深谋远虑。

热烈之后是平静。热烈要归于那位执意要求皇帝亲征的寇准，那么要平静下来，自然也要从他身上降温。就在真宗兴高采烈之际，就有大臣泼冷水了。为首的是大臣王钦若，他公报私仇，进行挑拨。

宋辽和好后，朝廷上清静了许多，寇准显然还沉浸在喜悦里，真宗也对他格外恩宠，王钦若要动用小人伎俩了。一天在朝上，寇准先行退去，皇帝站在那里目送他，王钦若借机说："陛下你这么敬重他，难道是因为他对国家对江山有功吗？"真宗会意地点点头："当然。"王钦若眼珠子一转："我想不到皇上您会说出这样的话来。澶渊一战，您不感到羞愧，竟然还认为寇准有功，我很不明白。"对于这样的说法，显然真宗没有思想准备，愣了半天，问："你是什么意思？"王钦若说："城下之盟，即使放在春秋时期，小国也会感到羞耻，如今我们大宋这么大的国家却签下澶渊之盟，这就是城下之盟，还不是耻辱的事吗？"听完这话，真宗光剩下发懵了。

接着，王钦若又使出第二狠招。他提到在澶州真宗亲征时，真宗问寇准怎么办，寇准说："我们剩下的就是一腔热血了。"这话后来也被人抓住把柄，指责他不爱戴君主。王钦若在真宗迟疑间，发起对寇准的攻击："皇上您听说过博弈吧，赌徒把钱快输净时，就拿出所有的赌注压上，这就叫孤注一掷，像寇准这样的赌徒表现，太危险了。"

本来以为完成了一件大事，息止了连年的战争，当事者迷的真宗皇帝再也兴奋不起来了，此后他对于寇准的态度也冷了下来。从这件事上，可以推断真宗有着优柔寡断的一面。也可以看出，宋代在戍边对待外族时，确实走的是和从前各个朝代都把投入大量兵力御敌不同的路线。作为国家战略，这的确是一步险棋。

白沟水汤汤，历史写沧桑

白沟河水还如从前那样流淌，只是几十年来，它见证了太多的腥风血雨。

白沟河本来就是一条普通的流淌在冀中平原的小河，但因沉淀了太多历史的变故，它变得不寻常。历史上，由于河北中部平原地势低洼，河流多变，为"九河下梢"，要弄清楚这些河流并不是容易的事。除了一条河流不同地段名称多样，往往还会多次改道。即使出生在这里的涿州人，北魏地理学家也只能记清当时的河流走势。而拒马河、易水、白沟河虽然都不是大河，却由于一个个历史事件的发生而引人注目。易水河因荆轲在此拜别燕太子丹，吟唱"风萧萧兮易水寒"而成名。拒马河由于那位"闻鸡起舞"的主人公刘琨在这一带抗击石勒出名。它们都是大清河的支流，大清河又是海河的支流，几方汇集，注入冀中大淀，然后在今天的天津入海。

拒马河早先称"巨马河"，《水经注》记："巨马河出代郡广昌县涞山。"后渐写作"拒马"，相传晋刘琨守此以拒石勒之马南下。"巨马""拒马"，均言其水势之大。它发源于太行山深处涞源县境内，源头水量较小，稍大于小溪，但拒马河两岸沿途各处沟谷都有泉水流入拒马河，自上而下，一路蜿蜒，顺势于太行山山脉大峡谷中，由西向东，汇聚成一条大河。

拒马河再往下就分为南拒马河、北拒马河。北拒马河流经涿州，入如今的高碑店后更名白沟河，至此东下，就连接了宋朝三关一线的雄州、霸州、信安；南拒马河流经涞水、定兴，汇入易水河，与白沟河汇流后入大清河，至渤海。

历史就是这样微妙，自石敬瑭割让幽云十六州给辽国，本来是一体的河北平原，却被战争划开一道口子，久久难以愈合。让白沟河这条在河北平原普通的河流成了"楚河汉界"。最早的后周皇帝欲成就帝王伟业，却莫名地打到这里染病而归，留下了遗憾。到了宋朝，宋太宗又信心满满，两次北征幽州以失败告终，两国依然在这里对峙。真宗与辽国签下盟约，缴纳岁币，但终究没有失去辽国最想要的关南地区，也算是体面收场。

白沟河还在，还要流淌，它由一直以来争议的焦点，变成温和的界河，同时又在两国的历史上扮演着新角色。

踏勘"铁遂城"，岁月显峥嵘

"九河下梢"的冀中平原，历来饱受河流冲击，这条河流来了，那条河流的河道被侵占，典型的鸠占鹊巢；或者干脆被淹没，夷为平地，这就是千百年间平原的事实。百川归海，它需要承接北面燕山、西面太行山每年夏季肆虐的洪水，抵达渤海湾。因而，不像偏远山区那样，山间小道、马蹄迹、木屋等容易留下些遗痕，见证千百年的岁月沧桑。平原被逐年的雨水冲刷后，一览无余，有时我们感慨，历史的痕迹已然沉淀在地下五六米的土层里。

许是某种宿命，既然多年关注这片土地，关注如今归于平寂而历史上许多事件的生发之地，笔者的信念就是"行走"。从范围上说，这些年笔者走过了西起保定，南到献县、河间，东抵天津汉沽、塘沽，北接北京的广大地区。诚然，如果在历史文化脉络上，随着行走的深入，越来越多的课题向笔者展现，笔者需要沉下心，舍得时间，并为此付出精力。平原承接着悠远的岁月，在时代面前，笔者站成了"今天"的一个点，阳光会给笔者一个真切的可移动的影子。

这个秋天，笔者走进徐水，要寻找遂城和羊山，笔者想让那个书本上的概念在眼前鲜活起来。宋辽边界，在河北中部平原，大致是白沟河一线，从天津的泥沽，沿着霸州、雄州就到了太行山东麓的遂城一带。而遂城地势较高，利于骑兵穿过，这时具有重要的战略意义，攻防双方都势在必得，如此便成为边界重镇。

遂城颇有来历。公元前243年，赵王以李牧为将，伐燕，取武遂、方城。商末武王克殷，封召公奭于蓟，建燕国，都城在燕下都，同时建周边城取名武遂，为燕南重镇。据《资治通鉴》注：黄帝巡方问俗会诸侯、合符于釜山就是武遂的釜山。

所谓寻找，就是得有探寻欲望。遂城、羊山和后来人们传说中的杨六郎有关。杨六郎在山西作战臂部负伤后，大部分行踪都在冀中一带，史载他在景州、保州等地担任崇仪副使和崇仪使，七品军事职务，中下级军官，而且没有与辽军交锋的记录。倒是在遂城、羊山，有他崭露勇猛善战的才能。在遂城，杨六郎，也就是杨延昭治军严格，善于抓住战机。辽军入侵攻城时，他利用冬季天寒的气候，率领军民夜间担水泼浇城墙外，第二天早上，整个城墙都冻成了冰，异常坚固。他又联络附近的宋朝将领魏能、杨嗣，果断发兵出城，从背后夹击辽军。辽军死伤惨重，遗弃军械、甲马无数。这就是遂城之战，也是宋朝在冀中为数不多的胜仗，虽然规模不是太大，也让皇帝宋真宗高兴了好几天，连连称赞他"治兵护塞有乃父之风"。遂城也因此得了个"铁遂城"的称号。

遂城一带的意义在于，冀中腹地是大片的水域，奉行驾驭骑兵长驱直入的辽军要想南下，一般都是选择在太行山东麓一线深入。有了杨六郎的驻守，辽军不得不另行打开别的通道，这就起到了迟滞辽军的作用。

羊山之战中也有杨六郎的身影。史料记载不多，偶有信息，由于时间过长，加之后人演义的成分，笔者意当仔细甄别。大致的情况是说，1001年，辽军取道羊山南麓向西北撤退，埋伏在这里的杨延昭所部杀出，在辽军正面进行拦截。辽军虽然经过一番波折，冲破了杨延昭军队的拦截。可贵的是，他们的行动迟滞了辽军撤退，为宋襄援军的到来，击溃辽军赢得了时间。

在徐水几位历史研究者的陪同下，我们从县城安肃镇出发，一路向西，驱车二十多分钟，就停在了路边，一堵高高的土堰展现眼前。由于修路，这是一段土城墙的截面，有个嵌在墙体的石板牌，写着"遂城古城遗址"，挂牌时间是1993年，省级文保单位。现存断续城墙2386米，高1.5至10米不等，宽2.5米。终于找到它了，我有些兴奋，仰头仔细端详着，墙体很高，背景是白云。它无语，就像字迹不语，是等着有人阅读。

接着，沿着城墙右拐，走不远就来到可以攀爬的路径上。经历了一个夏季雨水的浇灌，这里已是荒草萋萋，高低不平。不禁感叹，时间可以遮盖一切，唯有杂草忠诚驻守，年复一年，微风过处，草尖摇摇摆摆，欲言又止的样子。难得的是，笔者看到了冀中土城墙特有的野酸枣树，由于地处平原，许是施工因素，有这种树一定年代久远。这种酸枣树，笔者在年代更早的北易水边燕下都见过，在平原东部的大城燕南长城堤见过，在献县汉墓群见过，而其他地方却没有发现。笔者认为，当初它们都受到了保护，又有很顽强的根系这才得以生存下来。往上看，城墙东西有二三十米宽，可以想见当初多么坚固。

遂城出名是在宋代，它成了辽军南下的一个门户。在辽军铁骑面前，宋代都是处于守势，所以注重城墙修筑。城墙墙体宽大，有七八米高，用土量是相当大的，可以想见，这是一项浩大的工程，墙垛、门洞用砖砌成。上边兵力可以移动，起到瞭望和呼应的作用。所谓防御，主要是弓箭、床子弩以及滚木礌石，有的就是用手投掷的石块。加上厚重的墙体，往往很难攻下。而作为攻方的辽军，都会制作大型车辆，搭到城墙边，利于兵士攀登。遂城因为有杨延昭等军事将领的顽强防守，留下了一段历史佳话。

由于先锋军在遂城失利，辽军避开这里，向西取道易州境内直扑西边的满城南下，一场战斗即将展开。

就笔者目前得到的材料，除了早年随父亲杨业在山西打仗负伤，杨六郎在冀中有记载的战斗就是遂城。养兵千日用兵一时，所谓英雄就是关键时刻挺身而出的人。可以想见，杨六郎应该就是这样的人物，他未必能力挽狂澜，但遇到战事却能冲锋陷阵，足以引起世人关注。到今天，杨六郎成了传奇式人物，得益于明清之后，民间对于英雄群体的呼唤和塑造，这点恐怕连他自己都想不到。

到了元代，籍贯容城的著名诗人刘因抚今追昔，不胜感慨，写有《登武遂城》：

神州英气郁高寒，臂断争教不再连。千古伤心有开运，几人临死问幽燕。平生卧榻今如此，百万私钱亦可怜。咫尺白沟已南北，区区铜马为谁坚？

遂城的城墙屹立千年，城老了，记忆常新。笔者站在上边，努力还原真相。

关于历史上经常提到的羊山，询问几位徐水朋友，他们都说不知具

体地点。遂城向西就进入山区，估计是一座不太有名的山，或者以后改
了名，不得而知。莽莽群山，惯看春夏秋冬，发生了什么，都是短暂的
印记。就像在收割时手上划了一道口，短暂疼一下，随着时间的推移，
很快又会平复。

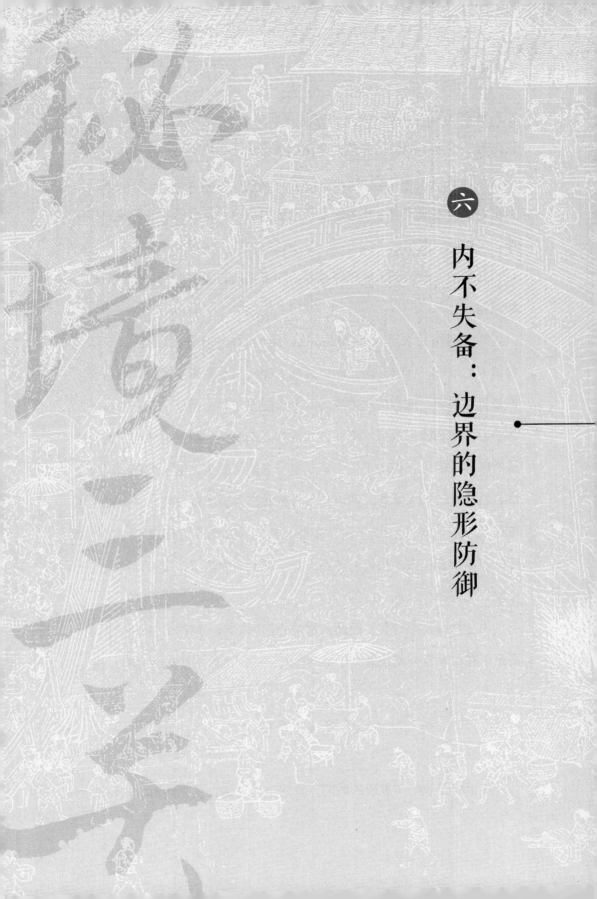

六

内不失备：边界的隐形防御

澶渊之盟的签署，意味着两国要进入一个新的发展阶段，按照和议内容，谁也不能做出在边关修筑军事设施之类挑衅性的举动。宋朝为显示友善姿态，就有了一场河北地名大更改：改威虏军为广信，静戎为安肃，破虏为信安，平戎为保定，宁边为永定，定远曰永静，定羌曰保德，平虏城曰肃宁。

三关的关隘防御功能已经减弱，和平共处与经济交流是摆在面前的新课题。

那么问题又来了，多年的战火与对峙，即使是伤口愈合，身体还会留下疤痕呢，何况心理波动极大的人呢？虽然签署了盟约，但这张纸书显得很脆弱，这样势均力敌的两个大国要想和平相处，双方都需十二分小心。哪怕边界的风吹草动，常常都会牵动整个朝野的神经，就看这根敏感神经操纵在谁的手里，掌权者稍有情绪激化，这个火药桶就会点燃，就会有一场大爆炸。所以，尽管彼此都拿出了真诚姿态，但谁也不敢保证今后的走向。50年后，宋朝宰相司马光的观点代表了这几代朝廷的基本态度：内不失备，外不失好。既要高度防备，又须始终保持一个友好的姿态。

由于两国交恶日久，彼此的戒备心仍然不小，都得多长个心眼，才不至于在出现意外情况时处于被动位置。宋朝的隐形防御并没有松懈。

给修城找个理由

对于修建战争中损毁的城防，真宗慎之又慎，认真践约，积极维护休战的大好局面。知澶州张秉禀告说调集了一批兵士，准备把刚刚经历了战火的澶州城修理一下，真宗认为辽军才回到边境，就急着搞施工，会动摇人心的，必须马上停止。这还不罢休，真宗赶紧把张秉调任内地去知滑州，派英州团练使何承矩知澶州。

中原如此，河北边防戍边人选更是个新课题，在这样的形势下，真宗认为不能派一个好战分子执掌，而这个人又要善于守备，善于大事化小，小事化了，这不比战争中挑选一员善战的大将容易。真宗的态度是相对积极的，他知道数十年战争打出来的盟约的分量，不能被一点私利断送。作为皇帝的真宗，他不是好战者，不想任意地驱使百姓常年去征讨追杀，他更想在太祖和太宗确定了国家的基本版图后建立起社会的生产生活秩序。所以他懂得在澶州取得一定优势后两国和好更具有稳固性，会更长久些。此时的辽国也确实强大，宋朝即使使尽浑身解数也很难占到上风。起码目前是这样的状况，至于以后的发展或是破局，那就要交给时间，交给后人了。

宋真宗确定的边境要员的选择标准是"有武干善镇静"，这人既要心细沉着，又要懂得军事，要有长期和平共处的准备。以马知节知定州，孙全照知镇州，赵昌言知大名府，冯起知澶州，上官正知贝州，杨延朗知保州，张禹珪知石州，张利涉知沧州，赵继升知邢州，李允则知雄州，赵彬知霸州。帝亲录其姓名付中书，且曰："朕裁处当否，卿等共详之。"毕士安曰："陛下所择，皆才适于用，望付外施行。"从之。

李允则首先进入他的视野。

李允则任知雄州时，曾镇守河北东路要地，在军事上很有见解。这人肯动脑，点子多，比如早先他刚调任沧州时，看到沧州由于地处沿海，多碱滩，饮用水十分缺乏，已经影响到当地军民的情绪。他采取整修淀洼蓄水，建设新营房，多多凿井等办法，改善了军民的生活条件，解除了后顾之忧，此举很快见效。不久，辽兵侵扰。李允则带兵坚守城池，不仅不缺用水，还把水冻成冰块代替礌石，打退了辽兵的进攻。真宗很是高兴，在朝廷召见李允则说：曾经有人说你修屋凿井是干扰百姓生活，现在才看出你是有远见，备战有方啊。于是马上金口一开，提拔他为镇定、高阳二路行营兵马都监。谁知，这李允则却并不领情，他认为排兵打仗不是自己的专长，拒不接受。这下，真宗更加佩服这位知进知退的李允则了，几乎是恳求地说：爱卿你是为我谋划布局，用不着真刀真枪地去作战。于是真宗通告河北各路将领，凡重大军事行动，一定要经过李允则的同意。

李允则真的没有让真宗失望，他能把真宗的意思领会得很到位。所以在宋辽和好后，李允则在雄州并没有放松戒备，而是积极修建城垒。提起修城，真宗脑袋就大，他又想起了那个被调走的张秉，生怕违背和约引起冲突。却见李允则理直气壮地回答："两国刚刚和好，城墙如果现在不立即整修，过不了多久，可就荒废了，可边防是谁也不好预测的。"李允则的话，真宗听进去了，不住地点头称是。

李允则自有办法。为了不引起辽方猜疑，李允则谋划将雄州城北的瓮城与州城合建一个大城。于是，他在城北建了东岳寺，用黄金做成供器。过段时间，悄悄把供器撤走，声称是被北面来的盗贼偷的。这样他以保护寺庙为由，挖壕筑墙把东岳寺和瓮城围了进来，逐渐完善城堡，修建月堤，城外栽上树木，就这样悄无声息地建成了防御工事。

李允则还善于把备战和百姓的生产生活结合起来。在宋辽接壤处，他安排开垦荒田，挖通渠道，砌筑矮墙，打起土坝，栽植荆棘。这些渠道看似是灌溉田地，在战时就成了敌兵行动的障碍物。李允则还积极演练水军，每年三月初三，边民在界河祭祀水神时，他就组织人员名为竞渡表演，实是练习水战。由于李允则肯于动脑，不仅没有松懈备战，还做得天衣无缝。

接着，宋真宗下令定州、保州、雄州、莫州、霸州和顺安军、平戎军、信安军的最高长官，兼管地方屯田。这样一来，边境由以前的戍边，变成了戍边垦田兼顾，为以后军队实行军垦做铺垫，可以解决大量军队的安置问题。

方田：稻田背后的设陷

王安石有一首诗《塞翁行》：

塞翁少小垄上锄，塞翁老来能捕鱼。

鱼长如人水满眼，桑柘死尽生芙蕖。

汉家新堤广能筑，胡儿壮马休南牧。

北风卷却波浪声，只放田车行辚辚。

乍一读，这首诗写得令人有些懵懂，一提起多为荒漠之地的边塞，戈壁、飞沙、残阳、孤烟，这些意象马上会在头脑中闪现，一如高适所说"大漠穷秋塞草腓，孤城落日斗兵稀"，也如王昌龄的"大漠风尘日色昏，红旗半卷出辕门"。辽远的天空下，空旷的大漠上，那个醒目的照彻古今的落日，装点着远方的苍茫寂寥，也让心情感伤了许多，常年戍边的人便多了几多壮怀。"塞翁失马，焉知非福。"王安石的笔下却塑造出一位不一样的塞翁。尽管他描绘出一种捕鱼采莲的田园生活，可这位深处偏远之地的塞翁，由于经受边关的动荡而不得不改变生活方式。

那么王安石写作此诗有着什么样的背景呢？

我们尤其要注意这位塞翁的生活环境，由耕到渔，塞翁的身份发生了转变，是因为田地被水淹没，他必须学会下水捕鱼；桑树枯死不能养蚕，为了生存，他又要学会种莲采藕。显然，这是一位河北平原生活的塞翁，翻看历史图册，只有这里具备这样的地势低洼的环境。捕鱼采桑，一任时光过，看似悠闲恬适，其实并非如此。这位老汉正在接受着生活的动荡和改变，因为契丹人的骑兵经常南下侵扰，广袤的田野只好筑堤蓄水，以阻止他们的进犯。一阵凄凉北风袭来，从前能够听到辚辚车响，现如今只有波浪的拍击之声了。

北部边境，与宋朝对峙并存的先后有辽、金、西夏、蒙古等少数民族建立的政权。而宋朝统治者，对异族入侵不像唐朝那样坚决反击，而是一贯采取赂敌求和的政策。对于出钱买和的宋朝来说，这样的决策定位无疑承受着朝野上下非议的巨大压力。而北边，处于强盛时期的辽国却急于寻找借口，好施展他们的拳脚，他们垂涎中原丰厚的金银财宝和丝绸茶叶等物品。在这样的条件下，宋朝大臣里偶有主战派，也是在一片求和声中孤掌难鸣。只有以"先天下之忧而忧，后天下之乐而乐"的阔大胸怀名垂青史的北宋政治家、军事家范仲淹，"事业满边陲"，留下了《岳阳楼记》《渔家傲》这样的千古绝唱，但他的豪青只是在诗词中抒发着。这使得他的《渔家傲》词在宋代显得独树一帜

> 塞下秋来风景异，衡阳雁去无留意。
> 四面边声连角起，千嶂里，长烟落日孤城闭。

> 浊酒一杯家万里，燕然未勒归无计。
> 羌管悠悠霜满地，人不寐，将军白发征夫泪。

这首词和作者的生活密切相关，范仲淹长期在西北戍边，采取的却是缓兵之计，以和代战，战和共用，留下了颇多功绩。然而，强敌侵扰不已，岁月催人老，范仲淹便在诗文里生发着感慨。有人阅读唐代边塞诗和宋代边塞诗，细细对照就有了发现，唐代边塞诗昂扬，宋代边塞诗凄凉。从中可见，以宋代的军力，还不足以构成对于边境异族坚决的抗击。

近年来，有个在宋代隐形使用的术语引起人们的注意，这就是"方田"。而在此之前，它只是一个几何上的概念——人们把正方形及矩形叫作方田。

河北中部平原，即冀中地区，历来地势低洼，沟壑纵横，一度是皇

家围猎的牧场。西边的高拔太行山提供了不竭的水源，涓涓细流到了这里就生长成了许多河流，"九河下梢"由此得名。

方田是方的，却不是田。宋代将方田概念借用过来，为了限制辽人铁骑迅速南下，又不想让辽人识破，就以开发农业种植之名，引河改道，广泛构建起网格化的水塘。这样的防御设施就在或种稻或养鱼的掩盖下，形成了一道自东向西的天然屏障，形成了一项具有陷马坑作用的防御工程。

据载，修建方田的创意最早出自宋太宗时期的翰林孙士龙，他还设计出可以应用的图式。随后皇帝下诏实施，诏书对于这项工程很看重，大意说：契丹人在胜势时可以长驱直入，畅行无阻，败了也能任意逃窜，可我们是步兵不能和他们交锋。因为敌军是骑兵，非常善于平地作战，可以任意驰奔，我们很难追击。如果坚守大城小镇，只能在真定、定州、瀛州、莫州这些地方，而像霸州、雄州这些边境城堡，必然不断受到敌人的侵扰，又没法分兵去抗击。所以说，权衡之下就是我们要主动设险。然而，如果搞开掘河口、修建城墙这类大工程，又好像我们在明显示弱，会被后人笑话的。因此，朝廷现在发布命令，边境地区要广修方田，要有规格，再根据远近位置设置寨栅，这样就可以限制契丹人的骑兵而利于我们的步兵了。方田建好后，他们纵然有百万军队，也没法发挥他们的神勇了。有一年的时间，我们的工程完工后，就能够养精蓄锐，挫败他们了。

看得出，太宗对于没有山脉屏障、骑兵可以肆意奔突的冀中平原，一直是很愁苦的，面对大臣的这项谋划，他好像抓住了一棵救命稻草，变得无比兴奋，认为这种天然地势又成了阻止辽军的骑兵优势。他顿时感觉眼前一片明朗，他甚至不无得意地预言："如此，则复幽蓟、灭林胡有日矣。"太宗把本来是一道御敌的屏障看成是消灭异族的战略举措。

字里行间，我们还能看出宋太宗对于雍熙北伐的失败耿耿于怀，他本来是踌躇满志，却落得一败涂地，对于契丹人，他有不服；对于国人，他又有愧。如今，他更想给国人一个安慰，而安慰的最好办法就是给个温暖人心的希望。看着部下的方田谋划，太宗在无计之时必须把它当成了耀眼的希望。

据此，宋在河北中部西起保州，东至泥姑海口，南北六七十里的地区，利用原有河水塘泊，加以疏通，筑堤蓄水，广置稻田，把平原搞成水泽并连成一线。同时设寨28个，立铺125个，用以阻止辽军铁骑。不难看出，宋朝下定了在这一带持久抗衡强辽的决心。

可以想见，方田修起后，偌大的平原就多了蓝天白云在水里的映照，颇有些诗情画意。有文人流连其中，忘记今夕何夕，忘记此地何地，还会不由得吟咏出朱熹的《观书有感》：

半亩方塘一鉴开，

天光云影共徘徊。

问渠那得清如许？

为有源头活水来。

朱熹的方塘与方田在格局上没有区别，只是他由方塘想到的是观书，是读书之乐，总能给予自己滋养。水是万物的承载，那么这时河北平原的清澈方田没有那么闲情，它肩负着防御重任，即使也"天光云影共徘徊"，而最后一句要改成"为有戎人常袭来"了。

那么让太宗兴奋的方田到底是什么样子呢？雄州以东本就是低洼之地，所以辽人南侵多选择雄州以西到太行山间的地域作为通道，方田也主要在这一带开掘。皇帝下诏书在今天的高阳到西边的徐水都修建方田，引来河水注入，阻止契丹人。看到遍野沟沟坎坎，马上扩大成果，要保州、广信、安肃军等周边地区也来参观，并学习推广。方田统一的规格是相距五尺远，深七尺，和陷马坑相似，只是一个在平地上，一个在水里。后来，宋辽和好后，在保留这些方田的基础上也间种一些稻田，具有互补性。这些消耗巨大的方田，究竟有多大的防御功能？过了一段时间，想着这些天天被水泡着的冀中平原，宋真宗却没有太宗那样乐观，认为"灭林胡有日矣"，真宗担忧，一旦发动战争，大兵压境，光靠这水塘怎么能打胜仗，于是说："若群寇犯边，须别有备御，此险亦不足恃。"

说来还是有些效果的，后来的辽军几次南侵，都是在方田以西经过。可是这样的方田必须有充足的水源作保证，而北方毕竟不如南方，遇上天气干旱，或者过了雨季，水系枯竭，田野就裸露出来。

时间在推移，从一代代人逐渐苍老的脸上掠过。这样的水势维持了数百年，在改朝换代之后，其水域面积从西往东缓缓缩退。"水域遂成平陆，村落尽变桑田"。水域陆变主要是域内流经的河水携带大量泥沙沉积的结果。

在水域陆变中，原来那些流经信安淤口关一带入淀达海的河流，按照沉积—淤塞—迁徙，再沉积—再淤塞—再迁徙的规律，不断迁徙改道，更多的由于河流淤塞已经变成了平地。由方田主宰的岁月，渐行渐远，终至不见。

无论如何，当时整个冀中平原已经构建起一道自西向东的水上屏障，有水塘，有河流，有稻田，有寨栅，成为颇为壮观的"水上长城"。千年之后，它已成为历史文化上的重重一笔。

史载，除了塘淀外，也注意种植桑枣榆柳这些树木，同样起到限制骑兵的作用。先说树势。这里地处边塞，长年拉锯战使这里人烟稀少，杂草丛生，树木繁多，高高低低，错落斑驳，让人来后如堕五里雾中。这样的地带自然是战争中不可退却的前沿。再说草势。长年处于硝烟缭绕中，这里少有人烟，便滋养了繁盛的杂草，任意地蔓延着，几度春秋，草木枯荣；不识时事变迁，自随日月轮回。陪伴的是穿行的野兔踢踏，云里的野鸟唧啾。

时过境迁，如今的冀中平原没有了往日的界线，人们可以任意地驱驰。昔日浩渺的水域大多也已消失，却也有些遗存，白洋淀东西纵横四十里，没有湖水的壮阔，却有平原水乡的丰饶，它已不仅是一带自然水域，更是峥嵘岁月的"活化石"。还有几十年前由于人为强行筑坝改道消失的古镇胜芳边的东淀，如今人们依然怀念着捕鱼扎苇的生活，保留下来的放河灯、渔樵耕读小秧歌、小河西音乐会等七十二道会，蔚为大观，哪道都是浸透千百年的浓浓水韵。

七

千年成谜古战道

　　诚然，方田这样的战争辅助手段，还不能消除朝廷对于辽国的忧虑。宋真宗就曾经皱着眉头对大臣说：如果群寇犯边，还必须有别的防御举措，不能完全依靠方田、水塘这些简易设施。

　　的确，在广阔的平原上抵御辽军仅仅依靠水泽和一些据点远远不够。

　　那么，他和大臣合计了什么？又想出了什么措施呢？可惜这些属于顶层的军事秘密，当时史书上并没有任何记载。

　　倒是后来人们的一系列发现，在逐渐论证着宋真宗皱紧眉头做出的那些谋略。

　　说到冷兵器时代的防御设施，我们的脑海里就会想到"长城"二字。无论是崎岖山脉，还是丘陵平川，在大量的人力物力消耗之后，这些原本相连的地方就由一堵墙截断。看似截断的是人马的脚步，实则是墙外虎视眈眈的欲望。我还会想到同一家族的野兔、狐狸、狼群也被隔开，它们仰望这道突然出现的陌生物体，会以我们听不懂的话语呼号。当然，更寂静的还有说不上名字的各种小草，它们虽然落寞无声，却会攀爬，让飞行的小鸟衔着一粒粒种子掉落砖缝，只需一场雨，就在大墙上顽强生根。它们甚至不懂得墙内墙外，只管当春遇雨发生，只管逢秋草木摇落。长城不是严格意义的城，而是一道为人进马突设限的大墙，这道大墙高峻湿滑，起到了防御外敌入侵的作用。

　　长城有几种展现形式？除了我们知道的万里长城，我确信作为防御限敌的浩大工事，古代冀中以方田和河流、淀洼组成的"水长城"一定代表另外一种现象，它短暂而又隐形，却容不得我们忽略。巧合的是，在战国时期，燕国在冀中一带还筑有一条南长城，大致在三关一线靠南一点，它从今天的白洋淀折向东南，一直到达今天的大城县西，由于那时是土筑城墙，天长日久，现在还有个别地方有土岗隐约可见。这样看，这次的燕赵边界长城，丰富着冀中长城的记忆。

何止这些，近年的一个重大发现，又在挑战我们固有的概念内涵，丰富着我们关于长城的认知储备。它，就是由青砖砌成的地下古战道。

偌多疑点，换来一个惊世发现

长篇小说《封神演义》中有个不起眼的人物，叫土行孙，别看他身材矮小，却本领高强，尤其以遁地术堪称一绝。他遁地潜行，可以日行千里。"一招鲜吃遍天"，每到危急时刻，面临绝境时，他都能神奇地遁地逃离。最后在封神榜上他被封为土府星神。

由此可以推及，人们对于脚下沉实的土地始终抱有幻想，它既然能生长出供我们果腹的庄稼，也一定能让我们像那些小动物一样，作为藏身之用。

有部叫作"地道战"的老电影，说的是冀中平原上的村民，在战时为了保全性命，利用自家的水井、树洞、驴槽、灶台等设施做掩体，挖出深洞，全家隐藏起来，可以转危为安。后来，他们尝试把这些藏身设施挖通，从而变被动为主动，通过巧妙迂回还可以阻击敌人。

不像丘陵山区有那么多的自然地势作为遮蔽，非常时期，开阔的平原很容易暴露自己。躲避灾祸最好的办法就是逃奔，以速度取胜。其次只能就地隐藏了。人们开始羡慕那些狐狸、地鼠，钻出一个洞穴就能安稳地生存下来。早期简单的方法，兵荒马乱时人们利用菜窖之类的地下单体设施隐藏自己。逐渐地，他们又把相近的地洞挖通，就可以巧妙地躲避了。再后来，这些由防御体系延伸起来的地道，就具备了由防守转为主动进攻的军事功能。

殊不知，同样是在这片平原上，一千年前就有了规制浩大的地道。只是它深藏着，尚未被世人发现。

时光如水奔流，它就在那里等待，等待着世人的发现。历史往往都是这样给我们设谜的，只是需要一个机缘将谜底揭开。

如此说来，河北平原古代的军事防御包括地上长城、城墙，到水里的方田，再到地下的战道，经历不同朝代的累加，堪称一项世界奇观，激发着人们的想象，引领人们研究追寻。这是一部记载历史变迁的大书，它静静地放置着，尘封了岁月，却少有人翻阅，有待我们打开。

除了艺术，有两项伟大的事情，引领人们由已知向着未知靠近，这就是"发明"和"发现"。发明是科学家所做的事，一项伟大发明往往就是人类新生活的开端；而发现同样重要，那些隐藏着的、历经千年万年的沉睡岁月，等待着我们去开启，好还原往昔的真实面孔。扑朔迷离常常是时过境迁的代名词，一个人的一生在历史长河里仅仅是一个标点，我们必须集中大家的智慧来探究。须知它就在那里，传说可以有千张面孔，而真相只有一个。

军事设施历来都属于机密级，我们只能从宋辽签署盟约后宋朝的国策及对外关系政策上做出推导。

太宗端拱二年，朝廷制定的河北一带的防御战略主要有三点：一是聚兵成垒，三镇分峙。三镇指要重点增兵驻守在镇州（今正定）、定州（今定州）和高阳关（今河间），形成辽军南下的阻击锁链。二是"来则备御，去则勿追"，战略上侧重防御。三是浚隍筑垒，广创新寨，突出防御工事的修建，增设防御网点。

那么，宋朝要想长治久安，除了在防守上派重兵把守，多构筑牢固城墙之外，还有没有可以打出的出其不意的牌呢？

后来，陆陆续续地，人们对于一马平川的平原地下又有了惊人的发现。尽管这样的军事秘密在各种史书上没有文字记载，可这些复杂的工事还是给予了我们可资推断的证据。

由于不确定性，这样的发现先后多达百年，只是在小范围，或者是在民间当作了谈资，所以并没有引起有关部门注意。一个文化品牌的确立，往往需要一片政通人和的时代土壤，才会生根开花。

据了解，早在清朝末年的一个春天，位于宋辽三关以北不远处的永清县蔡家营村的一个村民从田里回家时，一脚陷入村头的一个很小的地孔中。他拔出脚继续走路时，突然产生了好奇心，于是他转过身来环视草丛中的这个地孔，而后又俯下身去用手扒开。谁知这个地孔越扒越大，他探头看了看，扔了一块砖头，从回声感觉出里面是黑黢黢的空洞。对于这样的藏身地道，他没有感觉特别新奇。为了防止小兰、小鸡之类的家畜家禽掉入，他赶紧用树枝搭好用土盖上。

特殊时期，地洞也成为避难场所。抗战期间，这里的百姓为了躲避灾难，也在村里村外挖起地道，永清县城东南的西镇村村民在挖掘时就发现了一个青砖垒砌的地道：洞体宽1米，高1.6米左右，可以人行，里边设有小屋，还有放置油灯的灯台。

有人回忆，在古淤口关之地的信安镇，村民也挖到了古地道，还在地道内拾到一个锅盖大小锈迹斑斑的金属片，有人说是盾牌。

时间在推移流转，发现也在以各种形式展示。1948年夏天，暴雨连连，永定河一带洪水泛滥，永清县城西南的瓦屋辛庄村也被大水淹没。人们在逃命之时，有人忽听一声巨响，又见大水向村西北流去，不多时，村内大水几乎没了踪迹。人们顺着大水消失的方向在村西北100多米处发现了一个很大的洞口，原来大水都流到这个地洞里去了。"文化大革命"时期，为响应上级"深挖洞，广积粮"的指示，这个村的村民就地取材，便清理出一个能藏二三十人的拱形洞，洞有一人高，两米宽，顶部和两旁都用青砖砌成。然而，这样的发现也意味着破坏，不久，这个神奇古洞的青砖都被村民拆开盖房基、垒猪圈，算是都派上了用场。

冀中一带的类似发现还零零散散地在民间进行着，由于没有引起官方注意，显得悄无声息。1951年，雄县有一家住户屋内地面塌陷，露出个洞口。以为出现敌情，闻讯赶来的公安人员带着枪和手电下去察看，却发现是一个地道。据悉，这个洞面积约150平方米，洞的四壁有多道小门，每个门连着一个地道，曲折幽深。洞内有供休息用的小屋，有个不大的砖炕，炕上有台灯，还有半截没燃尽的蜡烛。蜡烛历史悠久，此时不由得让人想到唐代诗人李商隐有"何当共剪西窗烛"的诗句。主人很高兴，赶紧连日将洞挖开，不多天就用这些砖盖起了令四邻八家羡煞的五间大瓦房，接着又把剩余的六车砖以每车6元的价格卖出。

还有一次，笔者可以作为见证人了。 1991年初冬的一天，笔者沿着112国道骑车外出，在霸州城南的路边，见一群人在地里聚拢，就好奇地凑过去，眼下是一个黑洞。有人跳下去，一会儿跳上来说，他点燃火柴走了一段，里边很深，他看到这个洞由青砖盘起，是一米多高的拱形地洞。据说文物部门也做了查看，考虑到安全因素，几天后把洞口盖上用土填平。由于亲眼所见，笔者确信，这个洞还在地下安睡。

自然，这些信息都属于后来的收集归纳，而以前由于各地农村都在搞农业生产，对于这些藏于地下、曲折幽深的建筑一直没有做深入探究。它们只是在人们的生活中或隐或现，若即若离。它建于何时，怎么建成，到底多长，面积多大，做什么用的，有什么历史价值等，这一大堆谜团甚至还未进入人们的探究视野。

军事奇观，地下长城

"乱世藏金，盛世收古。"这样零散的信息只有在人们安稳的生活环境下才会得以归纳提示。随着人们文物保护意识的增强，众多的发现联系起来，也开始引起有关部门注意。他们翻开古籍，查阅历史；他们实地勘察，搜寻蛛丝马迹，在一个个疑惑中不断地深入探究着。漏雨的地洞，沉重的青砖，遗留的灯台，是近代人的生活，还是古代的设置？他们逐渐感觉到，那些塌陷的地面可能隐藏着重大的秘密。也有人开始大胆地预测，这也许属于哪个年代的神秘地下工事。

宋辽双方停止战争后，彼此间疑虑还是有的，加强战备必不可少。宋真宗担心河北各州军备松弛，特别下了诏书，指令瞭望城垛、防御工事如有毁坏情况马上着手修缮，不能荒废。

这样的遗迹不是个人所为，绝非偶然现象，而如果在广袤的冀中平原，该是个浩大的工程，那么一定和某个时期的重大变动有关。预测是评判的先导，很快地，人们推想这里的历史动荡，最为突出的就是千年前的边关记忆。

于是，迷魂阵、点将台、六郎城，他们忽然觉得当地这些人人耳熟能详的传说不再停留于口头，而是有了根基。从杨家将一个个的故事走入，也许会走进一千年前宋辽边界的那段历史。

经过多方挖掘勘察，一个个数字摆在眼前。根据目前的资料推算，河北中部平原已发现的地道的零散遗址横跨雄县、霸州、文安、永清、固安五地，东西长约65公里，南北宽约20公里，分布面积约1600平方公里。从这个范围来看，大致沿三关一线，向南向北做一定区域的辐射。这在当时是一项浩大的工程，也是一个大胆的举措。

再看材料，地道用的是规格与质量基本统一的青砖砌券，洞顶为辐轮状异形砖，便于修建时做出拱形。通气孔是统一烧制的陶筒。

这马上又让我们想到了那部着重体现冉庄地道的电影《地道战》，可以与之做一对比。新发现的神秘古战道与冉庄的地道有着许多的相同点：它们的内部结构都比较复杂，都有窄小的迷魂洞、迷障巷道、翻板、闸门等设施。当然，它们又有一些不同：冉庄的地道除了厕所之外，几乎没有其他生活设施，而新发现的古地道中有通气孔、灯台、蓄水缸、土炕等生活设施。冉庄等地的地道都是挖土而成，没有一个是用砖铺就的，这些古地道全部用砖石铺砌而成。当然，最大的不同就是规模了，古战道范围之广，令人称奇。

从发掘的地层剖面看，古战道是经统一规划、组织建造的地下军事工程无疑。这样的话，肯定是我国目前发现规模最大的古战道。2007年初，古战道以长度入选上海大世界基尼斯纪录。

那么这些工事究竟有什么用处呢？这就需要研究地道的构建模式了。在多次挖掘后，结果发现，这些工程浩大的战道，设计上更是多种多样，功能齐备。仅雄县城内发现的一段战道就显出设计上的复杂精细。在形态上既有洞体简单、较为宽大的藏兵洞，又有窄小曲折多变的"迷魂洞"；还有翻眼、掩体、闸门等军事专用设施。洞体埋藏深度上呈立体式分布，同一地道群内，甚至同一洞体内，也分深、中、浅三层，最浅距地表一米左右，深的高达四五米。洞的上方有陶制的圆形通气孔，直通地表，大的洞室四角各一个透气孔，通道式长洞约3米有一个。洞壁有放油灯的台龛，龛上方有烟黑，表明曾经使用过。甚至洞内发现有水缸、白瓷碗、铜钱、土炕及大量陶瓷碎片，此外还有铜箭头、盾牌等兵器，可以推测确实有过藏兵，他们借助小油灯在这里生活，吃喝拉撒睡，都在地道里解决。

古地道设计合理，顶部券顶，墙体宽厚，按照力学原理，顶部压力就合理地分散开来，由墙体分到地面。为了解决平原雨季的积水问题，防止塌陷，通道每隔几米再有一个小券门支撑着顶部，这样就组成了由若干局部地道连起的大地道，虽经历千年，一些洞室仍保持完好。根据地道的结构、走向、出土的器物，研究人员分析地道在军事上有三个用途：一是藏运兵；二是能够迅速转移，暗传情报；三是用声学原理监测到很远地方的敌情。在祁岗地道中发现一酱釉水缸，据声学研究专家论证，此缸除了可以盛水，还可以监测敌情。将缸覆置，兵士将耳朵紧贴缸底，可以听到远方马蹄奔跑的声音。

我们可以做个设想，假如把这些设施完整挖开，展现于眼前的就是结构复杂的防御工事，逶迤在平原上，就是可与万里长城媲美的又一道长城。

由于地下战道结构的特殊性，也出于保护的需要，这一带的战道至今也多在地下沉睡，只有局部被挖开。永清县瓦屋辛庄和雄县挖掘了一部分，供展示参观。为便于直观游览，霸州在牤牛河一带建设了模拟战道。笔者去过的几个地方，永清县的地道靠最北，比较狭窄，仅可容瘦人钻入，可以推测是最前沿，作为瞭望探听侦察之用。秉一支蜡烛，从小口钻进去，身体紧靠着逼仄的砖墙，不一会儿就有了憋闷的感觉。阴冷的气息丝丝浸入肌骨，与外面的暑热形成了极大反差，洞里静得几乎能听到心跳。此时，好像与世隔绝，没有了任何嘈杂声音的干扰，倒是有些孤独之感。好在这样的感觉并不长久，一同进入的伙伴便想赶快退出，笔者执意要测试一下我们的耐力，努力地前行，又往前走了几分钟。出来后，地面上的朋友惊讶地说，这么半天，我们都胆小了，生怕出什么事呢。笔者笑笑回答，就当我们是从前的戍边的兵士，他们执行任务时，不定在里边守候多久呢。交流走进里边的感觉时，都说，是那死寂般的无声，好像是一秒一秒挨过来的。看来，我们注定要生活在俗世，注定离不开声音。

雄县的地道要复杂得多，既有开会议事用的高大洞体，也有藏兵的幽深洞穴。在县城中心，有一个很大的院子，推开厚重的大门就看见院子里种了各种花草树木，与一般院落无异。虽说是对外开放，却少有人来，显得很寂静。门卫大伯的话有些道理，他说，人们一到假期，都跑到有山有水的地方去玩了，有几个能静下心来了解下身边发生过什么。说完，他走到里边的一个角落，拿出钥匙，打开一扇大门，又把灯打开。笔者安慰他，这原本就不是个嘈杂的地方，还是静些好，真弄成了游乐场，大人孩子一天天地吵嚷，可就破坏了这里的环境。我们小心地从一扇铁门进去，顿时走进了一个奇妙世界，曲径通幽，穿行其中，几步就是一种地道的格局。高高低低的地道都由青砖盘起，越发显示着岁月的厚重。笔者抚摸了几下墙体，试图和那个陌生的岁月对话，相隔千年，阻隔太多。笔者想象不出一支队伍日夜守在这里是什么感觉，他们虽然不能大规模作战，作为驻守，就形成一支有生力量，要知道，侦察与防御也是战争不可或缺的部分。

专家勘察后表示，这些地道是作为军事用途的，其结构及在地道内发现的遗留物品都充分说明了这一点。比如水缸，平时储水用，在战时可以用来监听地面敌人的动静。

这样大规模的工程却没见史书记载，笔者猜测是因为这个工程属于军事机密。既然没有文字痕迹，这样的奇观更显得扑朔迷离。而我们联想到在三关一带后来滋生了许多杨家将的故事，是不是有这些神秘地道的印记？

规制展现出来，用处被确定后，就是断代了。这些具有官方背景的工事究竟归属哪个时代呢？经专家实地勘验，得出结论，这里的古战道所用青砖确为宋辽时期烧制。从而可以判断出来，战道的修建时间应该是距今1000多年前的宋辽对峙时期。

至今，有人对于宋代的守势很是不解。我们必须放在当时的特定时代来做一评判。虽然宋代发明了火药，可要知道，火药的发现要归结于炼丹，后来用于杂耍表演中施放烟花，属于游戏的道具，并没有作为火器在战争中使用。

宋军北伐失败后，转入了守势。而此时的契丹人在军事上却有了长足发展，除了攻势凌厉的骑兵外，他们已经学会了火药制造技术，并且用火药制作出火炮，实现了冷兵器时代的新跨越。鉴于宋朝广泛修筑坚固城墙，辽军研制出了抛石机，作为攻城力器。在遂城之战中，辽军的攻城器械一应俱全，威力无比。大炮小炮都有，小炮由40人拖引，放置大石块，可以抛出50步远。大炮有双梢炮、五梢炮，还有七梢炮，得用200多人拖引，能够抛出45公斤重的石块。可以想见，在黑压压的兵士的围攻下，不战早已惊惧了几分，能有几座城池承受得了这种攻势呢？这样的进攻姿态必然比防守要主动得多。

到底是谁修的古战道？

谜团仍然一个接一个地袭来。时间确定了，军事作用也摆在那里，可这样的浩大工程却没有任何文字记载，那它究竟是谁所修呢？

地道的作用虽说具有进攻的可能性，可它归根结底还是防御战略的产物。地道的优势在于隐藏，在于处于前沿军事议事、藏粮和探听敌情。大概是戏曲看多了，一提起宋辽古战道，人们常常解说为"潜以出师"，似乎地道藏有千军万马，这过于传奇了，与事实不符。笔者到过冀中的雄县、永清古战道，虽说这一带据挖掘来看范围很广，但毕竟不适合藏兵，只适合小股人马临时栖身，所以应是战时应急之用。

当时宋辽在河北一带长期对峙，冀中的三关一线是大量抗衡的焦点。冀中平原既然无险可守，靠一些类似种植功用的方塘又不足为恃，挖地道备战不失为一种合理的选择。那么，到底是宋还是辽修建了这个庞大的工程呢？从种种迹象来分析，为宋朝所修自然更具合理性，辽人善于奔袭，他们更喜欢在高原大漠生活，因此不会选择这种在平原地下修筑工事的方式。

至于有人想当然认为辽军多年无法南下，是与这个地下防御工事有关，这里有臆想成分，一定没有按照当时的诸多主客观因素考虑。他们的分析理由是，在大平原上的宋朝军民面对强大的辽军骑兵，如何保持宋辽边界稳定120年之久呢？一定是地道在起作用，这无疑夸大了它的作用。

还有一个观点，认为防御工事是杨六郎所修。据历史记载，宋朝名将杨业之子杨延朗（杨六郎）在河北平原北部把守边关多年。有人认为，面对辽国强大骑兵的一次次攻势，有时辽军突破边关南侵数百里，杨延朗仍据守边关巍然不动，在辽军败归时出奇兵而歼之。杨延朗在这一望无垠的大平原上，无险可据，却可出奇制胜保卫边关的稳定，他修筑了何种防御工事？采取了何种防御战术？这些人大概是看多了杨家将的演义，或者是努力假托一个名人作为符号。

对于这些神秘地洞，后来的一些地方县志偶有表述，会附着到杨延昭，就是大名鼎鼎的杨六郎的身上。较早的有，明代嘉靖二十六年（1547）编印的《霸州志》就记载，"引马洞，杨延昭所治，始自州城中通雄县，每遇虏至，遣以出师多获隽马"。这样的地方史志已是四五百年之后才记载，其中不无推测的成分，不过也表明在明代已经有神秘地道，又大致推导出这样的地道属于军事设施，不仅能防御，还可以主导出击，俘获宝马。马匹对于中原来说，还是稀罕物，即使澶渊盟约签订时，辽国在双方贸易往来时，对于马匹也有着严格的限制。

而后，地方志书的记载就多了，大致都会沿用这个信息。

清光绪三十一年编印的《雄县新志》中记载："雄城中园通阁山门前一井，故老乡传霸州城内亦有井与此穴相通，宋初两城守将计军事遣使于穴中往返，外人不知也。"这里，没有说战道是杨六郎所修，而是说霸州到雄县的地道是相通的，将领召开军事会议后，可以派人从这个地道通行，传达指示。霸州距离雄县六七十里。可见，在清朝末年，人们在猜测两地的地道是相通的，这是一个很大的地下工事。

人们不禁要问，难道宋辽的澶渊盟约真的是君子协定，双方都在认真地践约？

在河北平原宋辽两国的边界上，以杨延昭（杨六郎）为代表的宋军将领修筑了何种防御工事，在史书上尚未查到任何记载，但在一些地方志中有所记载，民间则有大量传说，还是在印证着这样的积极军事防御。

可是，把这样一项工程说是杨六郎主持修建还有许多疑点。杨六郎在历史上确有其人，他生活的时代与古地道修筑的时代基本吻合，不排除他带兵修筑地下战道的可能。但把这样大的工程加在他一个人身上，似乎还有待进一步的印证。

澶渊之盟前，杨六郎不在高阳关路任上，自然无法'出师多获隽马"，杨六郎是宋辽订立盟约后到任高阳关副都部署的，而此后宋辽都在小心翼翼，唯恐背上违背盟约的名声，双方积极修好，自然没有战事，获得宝马也就不能成立。仅从时间上推断就出现了大漏洞。

我们期望有这样的史实，但是拒绝人为编造。杨六郎只是一个中级军官，后来在高阳关任职也不是正职，即使这时所修又怎么能把功绩加在他的头上呢？

我们能够做一推测，澶渊之盟订立之前，宋军这里在修建方田时已有小范围的地道修建，用于瞭望敌情。而盟约订立后，虽然是长期友好，但宋朝不敢明里在边境修建城墙，可契丹人的反复无常让朝廷在防御上不敢松懈，一定会悄悄构筑地下工事，而不久宋朝在这一带以三关为轴，南北宽20公里设立了两属地，也叫两输地，其上居民给宋辽双方纳税，实际上成为军事缓冲区，正好这时为其修建地下工事提供了便利。即使修建后，这些地道主要用于侦察，此后再没有发生战争，这也是千百年来既没有官方文字记载，也没有被发现的原因。至于为杨六郎主持所修，那只是如今一些人的一厢情愿。事实上，三关一带的信安军、霸州、雄州都有朝廷委任的要员执掌，而此时杨六郎虽是高阳关副都部署，但在和平时期，作为一介军人他也很难有作为。《宋史》记载："在屯所九年，延昭不达吏事，军中牒诉，常遣小校周正治之，颇为正所罔，因缘为奸。帝知之，斥正还营而戒延昭焉。"和平时期的杨六郎，由于没有文化，显得很不适应。倒是他还有些怠政，常常把事交给手下小吏周正来处理。这周正一点不正，欺上瞒下，发号施令，这事不小，还惊动了皇帝，杨六郎受到了皇帝的训诫。

看来，古战道依然留下了许多军事历史地理之谜。

近年来，对于冀中古战道的研究也在逐步展开。1989年，国家文物鉴定委员会史树青教授等来自北京、河北等地的30多位专家会集在一起，召开古战道研讨会。经过专家学者的多次论证，他们最终将古战道定名为"宋辽边关地道"。1993年，古战道成为河北省重点文物保护单位。2006年，"宋辽边关古战道遗址"被国务院公布为第六批国家级重点文物保护单位。至此，对于古战道的研究由民间揣测到专家论证取得了阶段性成果。

我们可以和万里长城做一比较。著名的万里长城以秦始皇时建设规模最大，后来历朝历代也都有修复，明朝又做了大规模修建，这道雄踞北部山区的城墙有效阻击了敌人的铁骑。但是这些长城由于长期暴露，日久失修多已毁坏，今天看到的完整的长城已然都是近年修建。如今这道隐藏在冀中平原地下的古战道，却由于长期沉睡地下，得以完整保存，同样显示着它的巍峨壮观，不能不说是人类建筑史上的一个奇迹。专家认为，冀中发现的古战道在我国乃至全世界都十分罕见，古战道所用建筑材料、建筑结构和物征，应为持久性防御性军事工程。其工程之大、之繁复显示其与万里长城的功能相同。这样巨大的防御性军事工程的发现，填补了史书记载的空白，为我国军事史上的重大发现，被专家誉为"历史奇观，地下长城"，是具有重要的历史、文化、军事价值，堪称中国宋史上的"地下长城"。

军事防御中，最理想的天然屏障就是山。后人对于宋代这样遥远的边关地带，自然会有着新奇而又丰富的想象，添加了许多传说演义，这些传说演义都会把这里想象为成崇山峻岭之地，久而久之，就越传越广。而三关一带的真实面貌却离人们的认知越来越远。

如果进一步推敲，事情远没有打上句号，仍有许多谜团会萦绕于我们的脑际：这样大规模的工程为什么没有留下点滴遗迹？这么多建筑地道的青砖是在当地建窑烧制，还是从别处运来？地道究竟是谁所修建？这样的防御有没有经受实战检验？站在古战道边，这许许多多疑惑，只有留待研究考察的深入来做出解答。

三关的确是一道大门，往南可以走进宋朝，往北可以走进辽国。从历史发展来看，这是民族交融中的文化碰撞，试想，如果王安石、苏轼、文天祥、欧阳修等人站在古战道幽深的洞口，一定会留下些许诗文，但不知他们将会抒发怎样的感慨？如今，站在统一的版图上回望那段岁月，它直抵历史深处，让我们有着无限的探究欲望。

修功内敛：霸州古战道窑址新发现

霸州这座古城的兴起，和周世宗柴荣有关。959年，取得益津关后，周世宗更名为霸州，发滨、棣二州丁夫筑霸州城。改名、征民工筑城全是他的大手笔，展现着他在冀中平原的谋略。

前不久，霸州两座宋辽砖窑整体搬进新家，落户于益津关的牤牛河公园，并采取了有利的防护措施，广大市民可以一览千年遗存的真面目。2017年6月，霸州发现了四口古砖窑，另外两座留在原址，实行就地保护。

为什么会在宋代，会在河北平原出现古战道？偶然还是必然？随着几座砖窑展现世人面前，在惊讶之余，留给我们思考的越来越多了。

冀中宋辽古战道，作为当时的军事设施，属于国家机密，至今没有发现任何史料记载，所以就有了许多谜团让我们推测与解开。

其实这个地下工程早在清代就有发现，只是在民间，信息沟通不畅，多是搁置，没有引起人们注意，更没有开展研究，没有结论。关于这道处于边界的"地下长城"是宋朝辽国谁所建，笔者倾向于宋朝。理由是辽国属于游牧民族，根据地在燕山以北的大草原，对这片"儿皇帝"石敬瑭划给他们不久始终存有争议的土地，搞大规模地下工程不具备合理性。而且，从目前挖掘的分布看，多是在永清县以南地带，大部分在"两界地"南部。再看永清县瓦屋辛庄的战道遗存，与雄县战道的开阔与复杂比较，显得非常狭窄，紧紧可容瘦小的人侧身进入，显然就是宋军的前沿瞭望，以及利用声音接受马蹄足音信息，很难提供别的军事功能，如议事、藏粮等。

再从宋朝方面分析，这里往南接通中原，冀中本来是一个整体，陷入战争冲突而从中部的白沟河一线分开，实属无奈之举，并不符合宋朝本意。此外，这里的群众对大宋更有归属感。与山里有许多遮蔽物不同，平原地区地下掘土挖洞也有传统，更多的是贮藏菜类以及粮食，由于这里战火频仍，遇到战乱，确是藏身的理想之地。这是笔者的分析与推测，意在解答是谁修建的问题。因为其命名为"宋辽古战道"是宋朝与辽国交界处的战道之意。如果有重要的史料文字，那更具价值。

还有个疑点也是笔者多年一直关注的，就是这项处于平原的大工程的所需青砖，来自哪里？显然，在古代运输不便的情况下，首选该是就地取材，按照规制设立窑址。沿着这个线索，就需有青砖烧制遗迹方面的发现。然而，偌大的冀中，虽说施工工地不在少数，但是由于经常受到河流泛滥的冲击，地质土层结构复杂，很多已经淤埋到地下四五米。

随着时间的推移，历史遗迹发现的数量不断增加。四处窑址结构及垒筑方法基本相同，建筑工艺十分考究。从窑址内出土的遗物可分烧砖窑和烧瓦窑两种；烧砖窑型较大，而烧瓦窑型小，砖窑3处，瓦窑1处。从表象可以看出窑烧造时间较长，个别的有二次修补，火膛内堆积了较厚的灰渣。4号窑通道及火膛内堆积大量板瓦。均开口距地表深3.5—3.7米，最大者总长5.5米，宽5.1米；小者总长4.5米，宽3.4米；窑室残存高度0.4—1.3米。

随后，由国家、省、市文物专家举行古窑址群考古研讨会。大家认为，这个发现填补了宋辽时期古战道考古一项空白，属于古战道烧制青砖的砖窑。

对这样的考古惊喜，霸州市政府极为重视，经过多次研究，本着保护和展示相结合的原则，2018年6月，将两座分别重达86吨和64吨的1、2号宋辽时期的古窑实施了整体搬迁，经过近8个小时吊装、运输作业，安放在离城区较近的牤牛河历史文化公园内，让更多的人参观受益。同时，将3、4号古窑址就地建馆保护。

在6月25日前，霸州市政府多次组织有关涉项部门召开了宋辽古窑搬迁协调会，经过多方商讨论证，最终确定了将宋辽古窑整体打包的方案进行搬迁，确定了运输路线和作业人员。经过艰苦细致的工作，古窑终于安全落户历史文化公园。等牤牛河历史公园升级改造工程完成后，霸州宋辽古窑历史遗迹将完美地呈现在广大市民面前。

2017年秋天，笔者听说了古窑址搬迁的消息，专程前往工地现场查看。由于刚刚下过雨，地上特别泥泞，几个窑址用塑料遮盖。霸州文物部门的陪同人员也很兴奋，表示这样的发现太难得了，一定要保护好它。说到发现的不易，他们还带到不远的地方看了一个前几年田各庄村北的龙江渠内挖掘的古墓群。这个墓群在一个树林里，奇特的是这几座墓清理发掘出五座战国时期瓮棺和四座汉代砖室墓，表明本地受河流冲击，显出地质上的复杂性。

弄清古战道砖的来路，接下来研究就可以推进了，比如战道的具体分布，是间断性，还是连接的？这项千年不透风的机密，至今人们存在迷惑，可见颇费了一番心机。据专家分析，当时宋辽一河之隔，加上中间的两属地，相隔不过几十里，中间没有条件隐蔽修地下工事。宋军有一点做得好，因为它属于防御行为，必须做到万无一失。一面在地上大张旗鼓地建瓦屋盖新庄，一面在地下培修战道，不足半年的时间，远看瓦屋一片，实际是一项浩大的地下工程。

在我国，古代瓷器窑多有发现，而砖窑发现极少。我们和类似的砖窑发现做个比较，2002年冬，秦皇岛市抚宁县驻操营镇板厂峪村发现明长城砖窑群，从上到下依次覆盖着耕地熟土、黏土、焦土三种土，被认为是中国迄今发现最早的砖窑。那么，霸州古战道砖窑窑址的发现要早了三四百年。奇妙的是，前者是地上长城，后者是"地下长城"。据专家介绍，砖结构建筑到南北朝时期，除了墓室也并没有大量使用，而是以木制搭建为主。我们今天见到的山海关到嘉峪关"万里长城"基本是明朝所建，彼时已大量使用青砖。秦代修长城为土质，山区再借助石头。我们今天看到的燕南长城遗迹，易县、徐水、大城都是土墙土堤。

按照当时马拉人推的运输能力，这个位置处于霸州益津关和永清古战道之间。根据当时的边关局势，一切以保密为前提，利用修建民居做掩护，可见是个繁重的工程，说"地下奇观"也不为过。甚至我们可以推断，附近应该还有没被发现的战道。这些有待来日与时机。

为什么这项隐蔽性强、工程浩大的战道，会出现在宋代？这值得我们深思。安徽省亳州市老城内发现一条曹操运兵道，"结构复杂，规模宏伟"，它的长度是4000余米，被专家誉为"最早的地下军事战道"。而长度与宋辽古战道就相差太多了。

我们从思想方面寻到依据。宋朝受程朱理学影响，强调"存天理，灭人欲"，强调"内敛"，这点也能体现在边防军事设施上。汉代、唐代对待与边疆少数民族政权的冲突，就是强大军事力量的征伐，是国家的经年累月的理政要义。而宋代，虽有征伐，却是以防御防守为主，较少长驱直入的对外族的征战。对于辽国也是如此，在基本确立了冀中边界后，便以积极的姿态进行防御体系建设，持久、浩大的战道在此时悄然修筑。彰显着宋朝人以守为攻的"内敛"理念，也因于此，这项大工程留给人们太多的悬疑，它就像一部大书，让人们解读这个当时世界最富庶，而军事不是特别强大的朝代。唐代的陈子昂登临河北平原上的古幽州台总会生发感慨："前不见古人，后不见来者。念天地之悠悠，独怆然而涕下。"这片土地的内涵与魅力也恰恰在此。

八

因地制宜，设置水限

河能载船，也可防御

水域作为屏障，阻击契丹人的骑兵南下，纵观历史，河北平原也算得一个创举，绝无仅有。这要具备三个要件：一是地势低洼平整，便于水系流动；二是要水源充足，河淀塘渠一应俱全；三是要开阔，若有许多障碍物势必影响整个布局。打开地理图册查看，哪里会有这样的环境呢？偌大的中国版图，在北方怕是只有冀中平原了。

天时地利人和，古人把这归纳为事情成功的三要素。在宋朝的防御中，很快就有人发现了河北平原不可多得的地利优势，于是组织了大规模的河道开挖工程，形成了水域防护网。冀中平原的基本格局是从雄州往东，一直到泥沽（今天津）多是低洼之地，雄州往西到太行山东麓地势平坦，常常是辽军入侵的通道。当然，这里河流却不少。基于此，这些河水就成了可以利用的资源。1004年，守边长官阎承翰给朝廷建议，要求从河北曲阳往东引唐河水行32里到达定州。接着，又要求疏导成水渠，到蒲阴县（河北安国）东流62里，与沙河交汇，经过一片淀洼流入了界河。这样，河里就可以行驶船只了，它的作用很多，不仅运输粮食物资，还可以在流域内广泛种植庄稼，得到灌溉，当然，更重要的是在这样的掩盖下，设险来限制契丹人的骑兵奔袭。朝廷觉得这建议不错，马上答应了这项请求。

后来，知雄州何承矩也上言建议，乾宁军西北有条古河渠直接流经雄州，一直废置着，可以开工疏通它，这样的话，漕运就可以不用经过界河了，也就免除了被契丹人袭击的忧虑。只是疏通河道的役工数字大了点，大致有二千万人次。真宗一听这数就泄劲了，主意是不错，可是，在边境搞这么大的工程是不是有些兴师动众？于是他拒绝了这项工程建议，让何承矩探听北国有个军事重地，了解下他们修建古狼城寨的情况，如果是增设兵备，赶紧报告，再做打算。

大概是看到了引水防御的好处，各地关于引河开渠的建议越来越多。一次，边境北平寨长官提出筑堤引河水灌注到才良淀的建议，真宗认为北面劳工用量太大，工期太长，眼下就到了炎热的夏季，考量到长官又没有财力优抚这些役工，他翻着边关地形图，看到才良淀地势很低，到了夏秋时节就会积存很多水，没有必要耗费大量人力。他否决了这个请求。从这件事也可以看出，各州军寨的守备长官都看到了这样的有利地势，边境上这类工程太多了。

永定河是从辽国境内往南流入界河白沟河的。界河以南，今天的白洋淀至文安洼一线是构造洼陷地带，即使经过多年淤积，如今的最低处海拔也不过三四米。这里也经过了多次防御因素的人为改道。北宋初年为了防御辽的骑兵南下，将子牙河、滋阳河等引入这一片低洼地带，筑塘蓄水，形成了一条西起保州，东至于海的淀泊带，南北最宽处达一百三五十里，最狭处也有八至十里。这片区域最大，几乎成为沼泽之地，史称"塘泺"。

看到这样的防御成果，真宗很是高兴，他对大臣说道：保州一带的屯田，逐渐看到成效了。接着，他还嘱咐一番，只要不停地开垦，一定会形成大的格局。有一个问题，这些治田的兵夫，大多是转运司临时召集来的，对于修理水田可能不太在行，要专业些才好。于是下诏保州专门征召屯田兵籍。

久而久之，真宗就成了明白人，像个水务专家。一天他在图前查看，突然看出了点问题，把宰相寇准叫到身边，指着图册说：我查阅了顺安军、静戎军所绘制的营田河道图，又参验他们前后上奏的文书，觉得有很大出入。你想啊，他们很早就说从顺安界筑堰聚水，可到今天还没有到达静戎，知道为什么吗？水往低处流，这里地势很高，又怎么流得过去？这工程怕是劳而无功了。他又想起了另外一件事，于是讲道，最近守边大臣王能又说，这条河的北部有古河道，由静戎军到顺安军，在多雨年头，还能通行舟楫，他想动工开导。按照这样的思路，他布置给有关部门进行谋划。

早在汉代有人说出这样一句话："来春桃华水盛，必羡溢"，这就是我们今天所说的桃汛。北方的春天，桃花盛开时节，有个河流水势变化，这时大气回暖，冰河解冻，又是河水增多期。《宋史·河渠志》载：天禧五年有人指出这一现象：自立春之后，东风解冻，河边人候水，初至凡一寸，夏秋当至一尺，颇为信验，故谓之信水。这样的有利条件，也是边关一带引河水，广造方田的大好时节。

冀中每条河都不简单

燕赵多慷慨悲歌之士，这话由来已久。笔者以为，冀中平原在战国时期正好地处既是燕南，又是赵北，属于接合部，有一种融合与焊接的力量，纵观历史，这一带确实涌现许多激越之士、赴义之士，慷慨悲歌文化便多了几分浓重色彩。

一直以来，宋朝的执政理念和军事外交都是个颇具争议的话题。事实上，宋朝正是这样一个特色分明的朝代，它经过几十年的苦心经营，资力雄厚，堪称世界首富，它文化繁荣，宽松的氛围让文人有了施展才华的大舞台。杯酒释兵权是开国皇帝赵匡胤的杰作。五代时期朝代频繁更迭，都仰仗武力，就看谁胳膊粗。赵匡胤作为一代豪杰，他显然想得要多。他善于总结前代经验，吸取教训，他深知第一要务是打下江山，并让后代坐稳江山，就必须改弦易辙，按照全新路径谋求发展。随着近年来我们对于宋代边界研究的深入，榷场贸易、方田设置、大规模的古战道防御足以显示当时朝政的积极主动。这些新发现丰富了宋代军事、文化的内容，笔者以为，势必也在丰富以往的宋史研究。

冀中河流众多，每条河流都有文化积淀，在历史中煜熠闪光。事实上，要弄清这里的河流是很难的，它们交汇着，融合着，不知哪个年代又会冒出一条新河，曾几何时一些河流已经消失。就像被誉为"楚河汉界鸿沟地"的白沟河，自雄州往下如今早已被冲淤，成为平地。冀中一带的河流多属大清河，少数属于永定河。都是海河流域，却没有人称呼海河，大概只有水到了天津才被叫作海河，而这旦离入渤海也不远了。然而，历史是沉实的，在书本里又是湿漉漉的，我们依然会想起那一桩桩泛起的往事。

（一）"楚河汉界鸿沟地" ——白沟河

白沟河其实是拒马河的下游，很短的一段。在今天的高碑店市有个白沟镇，依稀存留这条河的背影。澶渊之盟明确了宋辽在河北平原以白沟河为界，那么这条河流就走进了历史，扮演着与楚汉相争时的"鸿沟"一样的角色——刘邦项羽的鸿沟历经四年对峙，为我们留下了一个中国象棋的棋盘。而白沟河与鸿沟相比内容要丰富许多——白沟河作为两国的对立僵持界线，见证了40多年的战争，又是两国国界，和平共处100多年，设立榷场有着很好的经贸往来。经过实地走访，笔者需要补充一点，白沟河是当时官方的叫法，其时，拒马河的称呼依然存在。霸州一带一直把这条河称为拒马河，而且把它看作是母亲河。

北宋宰相王安石曾到过这里，他写有《白沟行》：

> 白沟河边蕃塞地，送迎蕃使年年事。
>
> 蕃使常来射狐兔，汉兵不道传烽燧。
>
> 万里锄耰接塞垣，幽燕桑叶暗川原。
>
> 棘门灞上徒儿戏，李牧廉颇莫更论。

这里是边塞之地，就少不了与蕃人交往。而这里总有狐狸野兔出没，本想安定下来，让百姓过上耕种生活，可看到的却是幽燕之地的桑树蔓延。可是这边境的将士却疏于职守，像是棘门军、灞上军那样，仅有许多无能之辈，根本没有李牧、廉颇那样的名将了。想来真是令人慨叹不已。

元代著名诗人刘因是容城人，容城在白沟河以南，他很熟悉这一带地理，写有一首《渡白沟》：

东北天高连海屿，太行蟠蟠如怒虎。

一声霜雁界河秋，感慨孤怀几千古。

只知南北限长江，谁割鸿沟来此处。

三关南下望风云，万里长风见高举。

莱公洒落近雄才，显德千年亦英主。

谋臣使臣强解事，枉著渠头污吾鼓。

十年铁砚自庸奴，五载儿皇安足数。

当时一失榆关路，便觉燕云非我土。

更从晚唐望沙陀，自此横流穿一缕。

谁知江北杜鹃来，正见江东青鸟去。

渔阳挝鼓鸣地中，鹧鸪飞满梁园树。

黄云白草西楼暮，木叶山头几风雨。

只应漠漠黄龙府，比似愁冈更愁苦。

天教遗垒说向人，冻雨顽云结凄楚。

古称幽燕多义烈，呜咽泉声泻余怒。

仰天大笑东风来，云放残阳指归渡。

可见，到了元代白沟河水势不减，透过凄凄荒草，元朝臣民刘因沿河行走，此时这块版图已经归入大元，让他感慨一切都属时过境迁，可是至今思想起来依旧有许多话要表达。刘因笔下的白沟河凄凉悲切，已经把白沟河视作宋辽的鸿沟。时过境迁，往事悠悠，他站在这里浮想联翩，想起了一代英杰寇准，想起了显德皇帝柴荣，也感慨当年作为界河的风云岁月。现如今只有东风拂面，残阳映照着古渡口。

诗人站在往日的三关之地，听到一声南飞雁的鸣叫，不禁想起了显德皇帝柴荣和力主抗击北国的宰相寇准，"儿皇帝"的一己之念，燕云之地便拱手相赠。如今一切都如过眼云烟，空留下后人的悲切追思。都说幽燕之地多刚毅悲歌之士，也只能借助喧嚣的水声宣泄悲愤了。

于是，以后的白沟河总是镀染上悲怆的色彩。

再回到现实，看看白沟河有着怎样的命运变迁。从清代起，白沟河已被后来更为迅疾的永定河淤积，几无痕迹可寻。却也留下了一个古镇白沟，如今是商业繁华的北方集贸市场。白沟镇边仍然有白沟河床，每到雨季，会汇集周边的雨水，形成缓缓的水流，文人墨客依稀觅得昔时风声水响。

清代的许承钦也写有一首《白沟河》，里面有这样的诗句："良平持庙算，谁定割鸿沟。"汉代张良、陈平是刘邦的谋臣，是刘邦打下江山的中流砥柱，后世常用于比喻足智多谋之人。《汉书·刑法志》："〔高祖〕任萧曹之文，用良平之谋……大略举焉。"庙算即指战役之前的战略筹划。诗人在这里把白沟河与鸿沟做比，他在追问，历史好像重现一样，究竟是为什么？许承钦身在清代，物是人非，他发出这样的慨叹。

张叔夜誓死不过白沟河。"道中不食粟，唯时饮汤。既次白沟，驭者曰：过界河矣。叔夜乃矍然而起，仰天大呼，遂不复语。明日，卒。"这是《宋史》里的文字，文里说的是北宋末年一位英豪张叔夜。北宋被大金攻破后，张叔夜和徽宗、钦宗一起被金兵押往北国，眼看国家凋敝，他越走越颓唐，后来的路上他干脆不再进食，只是喝点水。君臣一行人渐行渐远，来到了河北平原，来到宋、辽间的界河白沟河前。时至五月，冀中大地尚有几分苍凉。这些被俘人员要乘船渡河，船夫行使摆渡任务，而他也粗懂历史，却听这位船夫说了句："这里就是界河啦。"这话字字如针，深深刺激了张叔夜，听说这里就是宋朝历经数十年抗击辽国，阻击辽军南侵的三关一带，他不由得回想那一个个将士殊死搏击的场景。而今国破家亡，作为臣子不能守卫祖宗留下的江山社稷，他怎能不感慨万千？此时，他已按捺不住一腔悲愤，突然站立起来，在船上昂首频频南望，不住地仰天大叫。此后，便再没有说一句话。第二天，他扼住自己的喉咙，悲壮离世。

张叔夜和文天祥同样是不甘受辱、以身殉国的民族英雄，一殉身北宋，一殉身南宋。遗憾的是，许多人不知道张叔夜，而我们确实应该记住他。张叔夜（1065—1127）， 字嵇仲，开封（今河南省开封市）人，在徽宗、钦宗时期任礼部侍郎、龙图阁直学士。史载，当年那位大名鼎鼎的梁山好汉宋江，就是张叔夜以计谋降伏的，他尽了自己的职责。作为朝廷要员，他时时想到以国事为重。一次他出使辽国，在与辽人比射箭时，一箭就命中了目标。辽人惊讶不已，急忙要查看他所拉的弓，张叔夜以没有先例为由拒绝。

国难当头，他想到的是捍卫国家大义，从不吝惜自己的生命。在1127年靖康之难中，张叔夜率军苦守汴梁城，奋起抵抗，终因寡不敌众，全军溃败被俘。

文天祥感怀吟咏《白沟河》。无独有偶，亡国多义士。过了151年，1278年是南宋终结历史使命的一年，张叔夜书写的壮怀一幕又在冀中上演。

文天祥是南宋政治家、文学家，又是一位大义凛然的民族英雄。元军铁骑南下，文天祥在广东五坡岭兵败被俘，宁死不降。在大都的监牢被关押期间，元朝多次劝降无果，他们召见文天祥时问他："你有什么愿望？"文天祥回答说："天祥深受宋朝的恩德，身为宰相，哪能侍奉二姓，愿赐我一死就满足了。"于是被押四年后在大都就义。

文天祥从遥远的南国押解到大都，要跋涉千山万水，先是取道水路：珠江、北江、赣江、吉州、隆兴、鄱阳湖、长江、南京（建康）、淮河；过淮河后则改水路为旱路：新济州、郓州、徐州、沛县……渡滹沱河，夜宿河间府。一路所见尽是南宋江山和先朝北宋国土，不禁感慨万千，所到之处留下许多诗作。

最有名的是《过零丁洋》：

辛苦遭逢起一经，干戈寥落四周星。

山河破碎风飘絮，身世浮沉雨打萍。

惶恐滩头说惶恐，零丁洋里叹零丁。

人生自古谁无死，留取丹心照汗青。

零丁洋即现在的广东省珠江口，文天祥被俘后，就随着元军开始了漂泊生涯。当他在船上听到"零丁"的称呼，不由得想到自己和南宋一样经历着风雨飘摇，愤然直书，留下了"人生自古谁无死，留取丹心照汗青"这样炳照千秋的不朽诗句。

后来的日子，他被押一路北上，离都城临安越来越远。在路过古都金陵时，写了一首《满江红》：

燕子楼中，又捱过、几番秋色。

相思处、青年如梦，乘鸾仙阙。

肌玉暗消衣带缓，泪珠斜透花钿侧。

最无端、蕉影上窗纱，青灯歇。

曲池合，高台灭。

人间事，何堪说！

向南阳阡上，满襟清血。

便如翻覆雨，妾身元是分明月。

笑乐昌、一段好风流，菱花缺。

这是首王夫人的和诗，王夫人是宋恭帝后宫中的昭仪。南宋灭亡时，她随宋恭帝一同被押北上。生活在没落王朝，由锦衣玉食到阶下囚，人世间还有谁能体味到这样大起大落的日子呢？文天祥一路颠簸，囚居金陵时，偶然读到王夫人的词，难免会引发颇多人生感悟。这首词，看似一改文天祥豪放词风，细看"便如翻覆雨，妾身元是分明月"，字里行间依然流露出文天祥对于时局和人世沧桑的无限慨叹。

越行越远，渐渐地就越过了淮河，往北已是他陌生的金朝土地。可是一切又是那么熟悉，因为这里是宋朝开国皇帝宋太祖开辟的基业，经营多年，不仅没有拓展，如今反被侵占。一阵悲戚涌上心头，他紧蹙眉头，泪水不觉浸满眼眶。

转眼又到了河北平原，他看着滔滔的滹沱河水，历史的一幕幕不断在眼前闪现，于是写了《过滹沱河》：

> 风沙睢水终亡楚，草木公山竟废秦。
>
> 始信滹沱冰合事，世间兴废不由人。

时过境迁，不泯文天祥的壮志，这首诗依然延续着他的悲怀心绪。睢水之战虽然项羽的部队打败了刘邦的人马，但刘邦收拾残局，重整旗鼓最后灭了楚军，取得了天下。"草木皆兵"又带出了一段历史。秦王苻坚的先锋部队自从在寿春一带被晋军击败后，锐气大挫，军心动摇。此时，皇帝苻坚北望八公山，就感觉山上的一草一木都像晋军的士兵一样。文天祥眼望滹沱水，浮想联翩，浩荡的水流不是更像世间事吗？事情过后就成了任人评说的往事。

不久后，文天祥一行就来到了这条白沟河。白沟河是前朝北宋的界河，自然引发他无限感慨。他想起了一个悲情人物，就是死在白沟河畔的张叔夜，于是写下了阅尽人间沧桑的《过白沟河》：

> 昔时张叔夜，统兵赴勤王。
>
> 东都一不守，羸马迁龙荒。
>
> 适过白沟河，裂眦须欲张。
>
> 绝粒不遄死，仰天扼其吭。
>
> 群臣总奄奄，一士垂天光。
>
> 读史识其他，抚卷为凄凉。
>
> 我生何不辰，异世忽相望。
>
> 皇图遭阳九，天堑满飞蝗。
>
> ……

张叔夜那种大义凛然的身影，在文天祥心中越发高大起来。没承想这史书上人和地的一幕，就在眼前展现，思前想后，他浮想联翩，睹物思人，顿感外面的景色一片凄凉。现在又轮到了自己生不得时，一个北宋，一个南宋，即使这样的悲剧被年代阻隔遮没，却依然在重现。国土遭遇侵扰，长年经营的天堑瞬间就成了残垣断壁。

当然，作为一名右丞相，元军深知文天祥的分量，又对他的不屈人格无比钦佩，所以始终抱有劝降的念头，希望他能回心转意为元朝做事。而文天祥决心以张叔夜为榜样，他抱定必死之心，也不能屈辱求生。萧瑟白沟河水滚滚东流，让文天祥续写着张叔夜同样的悲壮诗篇。

张叔夜与文天祥，两位忠臣，以死命抗争殉身于这个风雨飘摇的朝廷，不免又平添几分文人之痛。

（二）易水河上悲歌余韵

易水原本是条小河，寂寂无名。又名中易水，是海河的支流拒马河的支流，而拒马河又是大清河的支流。平原上的河流就像人体的毛细血管，有的涓涓细小，有的汩汩奔腾。一年四季又随着雨季和枯竭期有极大变化。易水河的闻名于世缘于一个人，他叫作荆轲。郦道元的《水经注》写道："太子丹遣荆轲刺秦王，与宾客知谋者祖道于易水上。"祖道，就是为出行者祭祀路神而送行的礼仪。想当年，那个秋日，燕太子丹为他在易水边送行的一幕，天高路远，空旷原野的空气有些凝重，这是一场有去无回的饯行，千百年想起来都令人唏嘘。

2009年，笔者曾试图在易水河岸寻觅荆轲的遗迹，2000多年，世事阅尽，大地一岁一枯荣，似乎掩盖了一切。笔者的一篇文字《从易水出发》，在《河北日报》刊发后，还被选入当年保定市高考模拟试卷阅读题。易水流经河北腹地，荆轲是从保定地界西去秦国的，笔者认为保定为中学生选用此文，该是很有意味的。现摘取部分：

无论怎么说，自荆轲开始的易水都是一个新的起点。这原本隐匿于山脚下的汤汤河水，注定要走向世人，仅仅因两千多年前的那个故事也会。

以前的河水是什么样子呢？它还在做着一个孕育。它在太行山里流淌了很多年，在夏季汤汤、在秋季潺潺，连年累月独守河床，与温厚的大山默默地送走日月，"闲云潭影日悠悠，物换星移几度秋"。岁月赋予它的只是岑寂，岑寂，春来了，树自主地发芽；秋去了，河面上漂去几片落叶。与山野农夫进行着无语的对望，孩儿会跑来河边嬉戏，撩几把水花，捞几条小鱼；农夫会在一天的劳作后，到这里洗把脸，掬捧水，让那清冽的流水通透肺腑，解除干渴，然后抬起头来，再保持一种仰望的姿势。

易水注定是不会这样甘于沉寂的，犹如大山，它需要的是期望与等待。它又是幸运的，终于有一天遇上了一个唤作荆轲的汉子。是这条河流灌注了他的血性，还是他赋予了河流的声名？我们总想解开层层历史谜团，试图寻找一个可资依赖的答案。这样的际遇让一条河与一个人形成了历史机缘的完美结合。

是个初春的薄阴天气，没有想到多年的愿望竟在一天成行，我一脚就结实地踏到了它的岸边。天气还有几分凉爽，树梢已经萌动着几丝绿意。河里水流缓缓，经过整治的河沿有几分整齐。荆轲自易水出发是在秋天，秋天的水才更加寒彻。我想荆轲眺望时的河面不会是这个样子，那时的河岸更自然些，那河岸是水的聚集后的自由突围，河床自然就是曲折的。而有一点是共同的，就是河水平静地涌动，貌似波澜不惊却是那样义无反顾。

这里该就是荆轲出发地的起点。他站在燕下都的郊外，目光遥看着无际的西边。他分明听到了脚下河流的喧嚣、奔腾，这奔腾撞击着他的心怀，使他越发不能平静。此时的燕国人们感觉到危亡脚步的频繁叩击。城里人们已是一片哀怨之声，生活杂乱一片，遥远的秦军马蹄声越来越近，他们要到易水饮马。荆轲便从这哀怨里走出，他想用一副肩膀担起整个国家的沉重。

979年，宋太宗第一次北伐时，就是沿着太行山东麓向北进击，在易水击败辽军，顺势抵近幽州。高粱河之战失利后，在御辽中，易水河又扮演着一道防线的角色。980年，辽景宗亲率大军进攻瓦桥关（今河北雄县）获胜。宋便赶紧以南易水为障，组织兵员抗击辽军。

郦道元《水经注》记载了北易水，就是濡水。濡水经过樊於期馆。这里引出了一则历史故事，当年荆轲西去刺秦，要有点信物，樊於期作为秦国叛将，逃到燕国。当他得知荆轲的谋划后，决心自刎让荆轲献上首级，好寻机靠近秦王。此后樊於期深得燕国爱戴，建有樊於期馆。再顺流往下，不远处还有个荆轲馆，是奉荆轲为上卿后所建。郦道元称这里是"二馆之城"："涧曲泉清，山高林茂，风烟披薄，触可栖情。"

（三）拒马河：岐沟流水血染红

拒马河也有几段不凡的记忆。它从太行山逐渐汇集，巍巍太行山尽管少雨，可是山体的褶皱地表长年累月积少成多，便涵养了许许多多的河流，尤其是每到夏季更是汹涌澎湃，一泻而下。作为涿州人，南北朝时期地理学家郦道元就出生在拒马河边，他对于从家乡流淌而过的这条河更有具体的描述，他在《水经注》里说："巨马水又东，郦亭沟水注之。水上承督亢沟水于遒县东，东南流，历紫渊东。"他说，从六世祖迁居这里后，就住在郦亭沟水的南边，西面环绕着这条大拒马河，支流贯通，缠绕田园，丰富的农产品和水产品令人怀念，实在是遨游娱乐的佳境啊。

那年笔者去涞源，县城公园里有块石碑，叫作"拒马河源"。可知，拒马河就发源于涞源。再从城外看河水，偌大的河床，只中间有个河道有水流淌。一位种菜的老汉告诉笔者，他小时候水还很多呢，一到雨季，这个河里水波荡漾，发出轰鸣之声。看来这条河流也在经历着变迁。而笔者宁愿把这河流当作一处遗存，它毕竟有着太多的年头和故事。

从"巨马河"到"拒马河"的名称改变，由一个人引出，他就是"闻鸡起舞"的刘琨。拒马河古称涞水，约在汉时，改称"巨马"。相传曾因刘琨常年在这一带力拒五胡十六国时代后赵的开国君主石勒之马南下，逐渐被叫作拒马河。拒马河成了一道屏障。说到这里，笔者要提到霸州信安镇，2013年在镇子的新立街立了一块石碑，上书"越石盟坛"，越石指的是刘琨。史料记载，刘琨连年在河北平原上阻击石勒。这个越石盟坛说的是他联合晋幽州刺史、实力派人物段匹磾歃血为盟共同对付石勒的一段不凡往事。

还有悲惨的呢。宋辽对峙时期，979年，宋太宗亲率10万大军北进，起初很是顺利，很快就在拒马河的涿州一带击败了辽军的抵抗，进入幽州外围。然而，这局部的顺利让没有军事才能的宋太宗被蒙蔽，他得意起来，做着收复十六州的美梦。然而，接下来的高梁河一战却落败而逃。986年雍熙北伐，宋辽岐沟关之战，宋军的最后失败就是在拒马河，一个个生命的鲜血染红了河水，增添了几多悲壮色彩。

（四）永定河：宋太宗的伤心地

永定河是一条和大清河相临的河流，都是在冀中注入大淀，然后再东下从泥沽入海。它从山西经北京进入河北，经历了多次改名，郦道元《水经注》里称作瀔河，上游叫桑干河，经北京的卢沟桥，往下称永定河。永定河是在清朝康熙年间改名，以前叫无定河、浑河。顾名思义，这条河流总是改道，洪水肆虐，即使改了名，本性却没有改变。冀中霸州一带的拒马河如今就是被它淤平的，很难见到踪迹了，可以得见从前的永定河每到雨季多么肆虐。关于治理永定河，历来是件让官方闹心的事，筑堤植树挖泥沙，办法用遍，可还是制止不了上游洪水夹裹而下的大量泥沙。《固安县志》记载，早在明代的1434年，固安县丞王瑛就曾"请邻境民夫万余，助修浑河东岸，自良乡县界，南抵霸州界，长百余里，上植榆柳，久之根盘土固，水循故道"。柳树、榆树虽然一时起到了固堤作用，但还是解决不了根本问题。

郦道元对于这条熟悉的河流极尽语言描写："桑干枝水又东流，长津委水浪，通结两湖，东湖西浦水，渊潭相接，水至清深，晨凫水夕雁，泛滥其上，黛甲素鳞水，潜跃其下。俯仰水池潭，意深鱼鸟水，所寡惟良木水耳。"长河巨流，潭水清澈，凫雁戏水，郦道元太有诗情了。只是这样的景象即使有，也不会多见的。

宋太平兴国四年（979），辽宋高梁河战役即发生在北京西南的高梁河一代。这是一场生死战，大宋战胜，就会直抵燕山脚下，燕山以南的广袤的河北平原就形成一个整体，而燕山就将成为阻挡辽人铁骑的一道天然屏障。如果宋失败，那么这扇南下的大门就是敞开的，也就意味着越过河北平原直到宋朝都城开封没有山岭这样的阻拦，在军事防御上无疑困难重重。然而，这场战役，宋太宗大败，辽帝令耶律休哥率十万大军增援被宋军围困在辽南京（今北京）的辽军，在高梁河与宋军交战。耶律休哥与耶律斜轸分兵两翼，打败宋军，宋军伤亡一万余人，宋太宗乘驴车南逃。元初，废弃金中都城，以高梁河水系为基础建设元大都，意味着辽国的政治中心南移格局形成了。

（五）唐河水滔滔，御辽尝胜绩

唐河以前叫作滱水，也是一条古老的河流。郦道元《水经注》描写滱水是从太行山山谷里迂回，左冲右突才奔向这片开阔大平原的。他眼中所见，在山里时，从河水往南走上远峰，有弯弯曲曲的石级，沿途九大弯，可看遍周围群峰。

宋朝对于这些河北平原的河流大多是惊恐的记忆，高梁河、拒马河、白沟河莫不是伤心地，宋辽交战时，一片厮杀后，河水漂走了无数战士的尸骨，鲜血染红河流，散发着浓浓的血腥气息，令人胆寒。只是，对于这条不大的唐河却有着很好的情怀，在这里宋军打过一次紧要关头的胜仗。

那是宋太宗端拱元年（988），辽统和六年六月。辽朝在瀛州的君子馆得胜之后，辽军又攻破祁州、新乐、小狼山砦，运动到唐河以北。保顺军节度使、侍卫马军都指挥使李继隆这次信心满满，他慨然说道："将在外，君命有所不受！往年我在君子馆不死，就是要留得有用之身，报效国家！"之前，在君子馆，他吃过败仗，败军之将不言勇，可李继隆痛定思痛，始终有一腔热血，决心和辽军拼个鱼死网破。当然，他的发挥余地是有限的，按照太宗的战时部署，一切都要以他的战图进行军事部署，否则，胜了还好说，一旦失利，简直是罪加一等，谁敢冒这样大的风险？所以一些保守的将领，宁肯失利，也不愿违背皇帝的意图，这也在很大程度上导致了宋军多有败绩，因为朝廷给予前线将领施展的余地太小了。加上和辽军相比，实力就占着下风。

可李继隆看到了这种绝地反击的大好形势，他不想放过这样的机会。于是他联合定州部队与静塞军，违背宋太宗守城的旨意，主动出击。这样出其不意的攻击效果明显，辽军也是措手不及，惊慌中还没有镇定下来，就被宋军攻入阵地，并冲垮了阵形。以前的宋辽作战，都是宋军被动防守，很少有进攻的姿态。结果，辽军被这突如其来的阵势搞得惊慌失措而大败。接着，宋军追击到曹河，斩首五千，获马万匹，战绩可谓辉煌。史载，捷报送至都城汴梁，群臣互相庆祝，宋太宗也忘记了自己曾经下过不准主动出击的圣旨，连忙命令相关部门起草文书，褒奖诸将，给予丰厚的赏赐。一块胜利的大蛋糕，就这样被大家一起分享。

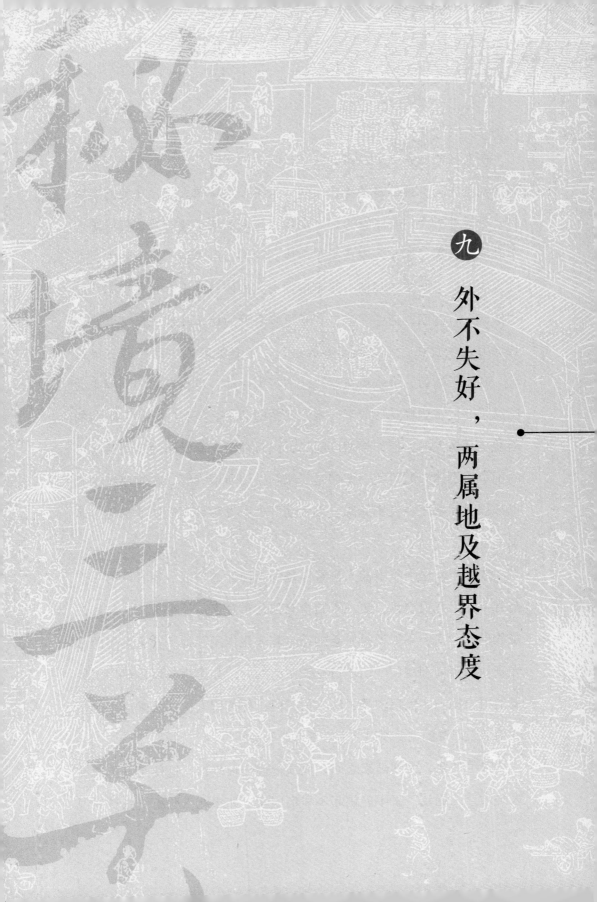

九

外不失好，两属地及越界态度

边关无小事，事事皆外交。

在安徽桐城有一条出名的巷子，叫"六尺巷"，这个巷子有个妇孺皆知的来历，说的是清康熙年间，张英在京城做大官，在他的老家有一个姓叶的大户与张家为邻。那年，张家重新扩建府邸，院墙盖到了叶家的地界。于是两家产生了争执，冲突在所难免。张英的夫人在族人的催促下给丈夫写信。张英接到夫人的信后，没有急着表态，而是作诗一首寄回，诗中写道："千里修书只为墙，让他三尺又何妨。长城万里今犹在，不见当年秦始皇"。于是让家人主动后退三尺筑墙。叶家得知后，被张英宽厚礼让的行为感动，也将自家的宅院主动后退了三尺。这样就形成了一条六尺宽的巷子。笔者的理解，眼前的利益总是诱人的，但如果假以时日，回首往事，就觉得为点鸡毛蒜皮的事争执不休有些可笑。即使是居家利益的所谓大事，在滚滚红尘里也都被时间碾压得无影无踪。再大动肝火引发种种不愉快就未免可悲了。

数百年来这个故事被人们看作是邻里谦让的象征。笔者以为不仅是各自让出几尺地盘，更在于它含有的几重意义，值得探究。与其说是故事打动人，不如说是张英的诗具有教化作用。他从社会发展的眼光来看待眼前利益，一切不过是过眼云烟，就如万里长城，付出了大量的财力物力，民怨沸腾，原本为了阻止外族侵入，到头来这不过是一堵任人评说的墙。所以又何必锱铢必较呢?

家事如此，大到国家之间，更须把握一种平衡，这便是既不要在大是大非上退让，又不能挑起不和谐因素。如果深入分析，张英只说对了一半，作为国家防御体系的长城既有国防意义，又有外交意义，事情要复杂得多。事实证明，边界外交是一门柔道之术，把握不好，看似一点点风吹草动，累加起来就会酝酿出巨大变故。不要言必说战争，每次战争之后除了大量消耗的财力物力，更有百姓生命的丧失，这一点统治者也是心知肚明。战争基本都会导致生产力的停滞不前，甚至是倒退。纵观中国封建王朝的历史，通过起义或战争来实现的改朝换代，不过是一个家族王朝代替另一个王朝，更像是"你方唱罢我登场"。到了清代，我们的生产力水平已落后于西方，换来的便是一波一波的被侵略，留下一段任意被人欺凌的耻辱历史。

在古代，外交事务都是交付礼部管理。一般说来，中国古代朝廷解决边界纠纷，都倾向少用武力，而多依靠自身的影响力。

边境安定下来后，让百姓安居乐业就成了大事，需要政策上的扶持。1006年，河北安抚使何承矩也在为这事小心翼翼地和朝廷沟通：按照上边的指示精神，自从宋辽两国修好之后，缘边居民还没有回到住地安居的，要让安抚司出台政策，鼓励他们回来。可这事并不那么简单，如果这样直接召唤的话，辽人定会产生种种猜忌，会认为我们是在招诱他们那里的人。权宜之计，我们可以加上由于水灾旱灾逃离这样的理由，好让他们不要猜疑。

真宗看后，思量半天也没有好办法，就对王钦若等人说：告诉何承矩，朝廷也不好下明文规定，如果不是急切的事，遇到具体情况再上言请示也不迟。王钦若却对于何承矩的啰唆劲不高兴了，对皇帝吹风说：朝廷设置安抚司，就是要把流民招回原地安定下来的，为的是恢复边境地区人民的生产生活。这个何承矩不能尽职尽责，又要擅自修改诏书内容，得给他定个罪名。真宗想了想，认为虽然这事何承矩有些草率，但念他以前戍边多年，有很多功劳，就表示还是宽待他吧。

我们从中看到，从朝政上说，就这样的一点事，真宗都头疼不已，左右为难，没有拿出个好办法来，实在是边境无小事啊。而老臣何承矩还差点受处分。因为边境的事弄不好就会影响到两国的信誉。此时真宗期盼已久的盟约才签订，对于一直认为是利好结果的他来说，如果有一点闪失，让辽人抓住把柄，就因小失大，犯不着了。在他看来，这时，稳定是压倒一切的硬道理。

所以一些人空有一腔雄心壮志无处施展的时候，会骂上几句宋朝当局的委曲求全。可要知道胳膊肘的劲头是平时练出来的，不是脑瓜一热就喊出来的。

纵观宋辽对峙这些年，总体看，辽军除了有收复关南一带的意图，并没有侵占大宋江山的打算，这个惯于生活在草原的自视为"上国"的游牧民族，一直对远在河北平原以南的这个国度有着陌生感，从文化本源上看，他们一直也没有接受。

我们还是来看看宋辽如何相处。

史书记载了这样一件事：一次雄州州府上报朝廷说，容城县报信，辽国驱赶着大量马匹，越过拒马河放牧，那个头领还送来了野鸡、野兔等礼物，想用这里的牧草。宋真宗果断地说：拒马河离雄州四十里呢，有很多两租户，那里的桥梁是雄州建造的，国界标志早已确定，哪能过河放牧？由此看出，对于边界，两国都想维持盟约的公信力，又不愿在权力上有所让步。

在知雄州的基础上，宋朝设置了河北缘边安抚使，白雄州团练使何承矩兼任。这一带作为缓冲区，被称为两属地，人户叫两属户，要向宋辽双方纳税，所以也叫两输地。今天来看，就是这片宋辽国界不太分明的南北宽数十里的缓冲地带，在历史上留下了许多谜团，也为明清崛起的演义小说留下了发挥的空间，大量杨家将故事都是以此为背景而产生的。

李允则善用技巧。有一次捕获了契丹的一个间谍，李允则令放开他，并给予很好的招待。间谍说他是燕京大王派来的，还说出了他刺探的宋朝沿边钱粮、兵马的数量。李允则说："你所得到的这些情报都是错的。"他叫主管官员将钱粮、兵马的实际数字抄给了那个间谍。间谍要求在情报的封口处加了钤印，李允则给了他很多金银，然后把他放了。不久，那个间谍又来了，归还了原来给他的情报，情报原封未动，而且他还供出了他们军队的数量、钱粮情况、军队分布情况等。

一天，有人诉告说被契丹人打伤了，要求官府追究。李允则没有予以追查，只是给了被打伤的人二千钱，众人都认为他害怕了。一个多月后，幽州方面派人来质询这件事，李允则回答说没有发生这件事。这都是他们的间谍想以打人这件事为据做文章，等到了解这件事是妄报的以后，他们就把间谍杀了。云翼的戍守士兵逃到契丹，李允则去文要契丹方面督促逃兵回来，契丹说不知道逃兵在什么地方。李允则说："在某个地方。"契丹人很惊讶，不敢再隐瞒，只好遣返了逃兵，李允则即将逃兵斩首了。

　　宋朝遣散了原来召集戍边的丁壮回乡务农。考虑到战乱造成河北地区耕具短缺，牛多老弱病残，又组织购买了耕牛发送河北，并在这里推行南方民间常用的踏犁。类似政策的实施，使得宋北方沿边地区的农业生产有所恢复和发展，人民生活逐渐安定。

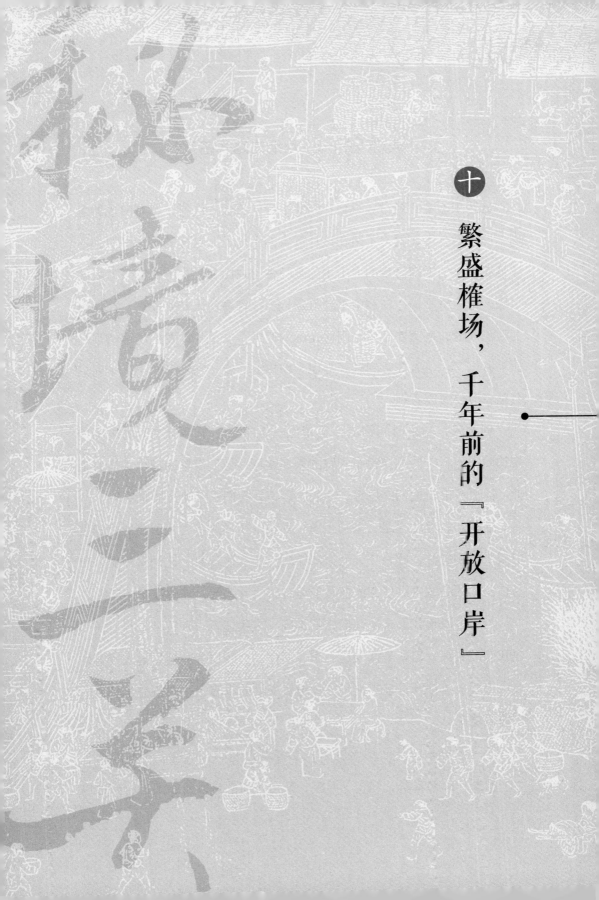

十

繁盛榷场，千年前的「开放口岸」

与茶马古道、丝绸之路齐名

这些年，笔者经常寻机会在河北平原的三关一线行走，有时也特意找个理由走一走，就为了踏在这片沉实的土地上。这样的一片平原，不像笔者去过的云南一带的大山里，茶马古道在山谷、在老街留下了太多足迹，擦也擦不掉。在冀中平原行走，会很容易让人产生联想，在经历了河流改道、风雨冲蚀后，面对无际的原野，一千年前发生的事情很是让笔者好奇。笔者想听到鞋子与泥土摩擦的声音，它那样微小，小到只有笔者自己可以听到。

有时想，如果时间倒流，笔者也一定听到了千年前这里的边境贸易的吆喝声，一些身穿粗布衣服的人在穿行，他们简单的理由是为着生计。而更多的，他们的思想，他们的语言，我们已经无从知晓。

这些年，丝绸之路、茶马古道、郑和下西洋这些古代贸易形式越发引起人们的关注，成为今天大家津津乐道的文化现象。无论是与域外贸易往来，还是域内经济交流都是长途奔袭的大手笔，其价值是多元的。

与这些以连线形式体现出来的不同，古代还有一种贸易如今也需引起我们的关注，它就是作为辽、宋、西夏、金政权各在接界地点设置的互市市场——榷场，它丰富了古代边贸交易的内容，这个研究领域的短板值得重视。

如果把贸易以几何图形展示，笔者以为无非有两种，一是线路，一是圆点。丝绸之路、郑和下西洋、茶马古道都是以线路闻名。而榷场就是几个圆点。宋辽澶渊盟约有明确规定：双方于边境设置榷场，开展互市贸易。那么，显而易见，带有官方性质，而不是那种民间的自由市场。

官方指定地点实行贸易，叫作榷场。榷，是专利、专卖的意思。澶渊之盟签订后的一百多年，双方贸易一直没有中止，更有研究人员分析，这其中榷场贸易充当了润滑剂，由于环境不同，两国资源互补，久而久之形成了市场的依赖。

在我国历史上，对外经济往来一直存在，这代表了不可阻止的力量。这几种贸易方式有不同的表现形式和交易内容，共同点是主动走出去，以远行的方式，运载货物寻求交易。

丝绸之路是个大手笔，它是起始于中原地区，连接亚洲、非洲和欧洲的古代陆上商业贸易的路线，在交通水平低下的当时，可谓山高路远，它最初是运输中国出产的丝绸、瓷器等商品，后来成为东方与西方之间在经济、政治、文化等诸多方面进行交流的主要道路。

茶马古道是指在中国西南地区，以马帮为主要交通工具的民间国际商贸通道，是中国西南民族经济文化交流的走廊。起初是具有互补性的茶和马的交易即"茶马互市"，而后交易的内容又不断丰富。

古代海洋贸易，又叫海上丝绸之路，从中国东南沿海，经过中南半岛和南海诸国，抵达东非和欧洲，成为中国与外国贸易往来和文化交流的海上大通道。明代郑和下西洋，是海上贸易发展的极盛时期。这时的贸易显示着我国航海业的发达，交易以瓷器为主。

由于榷场在时间上的不确定性和平原的地理因素，现在实地勘察的痕迹少之又少，为我们的研究带来一定困难。我们要说，了解古代贸易，榷场不能缺席。

榷场开辟了另外一种贸易方式，它在边界辟有专门场所，吸引民间交易，指定交易范围，国家以收取利税的方式予以管理，充实财政收入。

宋朝就是这样的一个特殊朝代，由于前车之鉴，从宋太祖赵匡胤时起，以后各个时期都是如此，它抑制军人权力，也削弱了自己的防御力量。然而，在长期的怀柔政策下，经济文化却获得了空前繁荣。

宋代是在盛世大唐和乱世五代的基础上建立起来的，深深感受到盛唐以来的时局变化。因而，宋代的既定政策，都是在矫正唐代和五代暴露的社会问题中摸索前行的，这样的教训距离太近，触动也更大。唐朝享国289年，是史上少有的强盛时代，可是"其亡也忽焉"，令人唏嘘之余，作为执政者，当然要吸取教训，唐因割据、党争形成大量内耗，像"牛李党争"危害巨大，以至于唐文宗感慨道，去河北贼易，去朝廷朋党难。河北贼是指起于北方的"安史之乱"，发难于幽州一带，给朝廷重大打击。然而，最大的威胁是内部的党派纷争，可谓剪不断理还乱，内乱频仍终于使繁华的大唐衰败下去，导致灭亡。

而五代时期又是另外一种情况，纷争不断，你方唱罢我登场，朝代像走马灯一样变换。宋朝初立，赵匡胤的黄袍加身带有偶然性，巩固政权，长治久安的办法就是首先消除那些隐患。所以宋朝的各种祖训，也是从宋太祖起留下的，都是以唐朝为鉴而制定的，比如抑制武人、宦官、后妃、外戚等系列措施。

任何事都是相辅相成的，政权稳固了，中央高度集中，文人治天下，出现了科技文化的发展和经济提速。虽然西北要预防西夏侵扰，河北一直和契丹人摩擦，而整个国内在经过三四十年的调整后，经济取得了迅猛发展。宋朝是中国古代历史上商品经济、文化教育、科学创新高度繁荣的时代，按照学者吴钩的研究，宋代与明代相比，即使下层平民的生活条件和生活水平都要优越许多，宋代进入一个"高收入高消费"的社会，而明朝是个"低收入低消费"的社会。笔者的理解，就普通百姓来讲，能挣能花的生活方式会产生很强的经济润滑作用，让人们感觉到日子的流动性，这是个有些滋润的生活。还有一组数据资料显示，到澶渊之盟前的北宋咸平三年（1000），北宋GDP总量为265.5亿美元，占世界经济总量的22.7%，人均GDP为450美元，超过当时西欧的400美元，而1870年经过第一次工业革命的英国人均GDP为3191美元。当时已成为世界性富庶之国。

我们还可以推想一下，在这么多的朝代边界外交中，为什么宋朝的榷场会兴盛一时？它必定是一种理念的驱使。宋朝时出现了宋明理学，儒学得到复兴，科技发展迅速，政治也较开明，且没有严重的宦官专权和军阀割据，兵变、民乱次数与规模在中国历史上也相对较少。北宋因推广占城稻人口迅速增长，从太平兴国五年（980）的3710万增至宣和六年（1124）的12600万。这些让宋朝敢于保持敞开的姿态，而不是闭关锁国，互不往来。

可武人的地位显著下降，相应地，维持与周边夷狄抗衡的资本也严重减弱。这就是北宋的基本格局。所以一切都在谨慎行事。宋朝一直把辽国视作最大敌人，纵观后来的历史发展，辽国始终没有消灭北宋的野心。而后来，宋联合金灭掉了辽后，北宋的末日也来临了。金朝够强大吧？可是不久面临着更为强势的元军奔袭时，却也没有了还手之力。金朝又被元朝取代。由此也说明宋朝没有足够强大的力量扭转局面。一切施政必须量力而行，否则面临的就会是另外一种情形。所以我们看，宋朝一百多年的平稳发展，就是靠的这种走钢丝的稳妥心态。榷场在这样的格局中生存着，肯定不仅仅是经济因素所能解释的。

需要全新认识榷场

泥沙是平原河流的大患，一旦遇上连天雨，河水恣肆漫漶，夹裹着泥沙倾泻而下，再有杂草和树枝的拦挡铺开，河流左冲右突，就没了形态。对于河北平原的水系治理，欧阳修说过这样的话：河水这么浑浊，没有不淤积的道理，下游淤积了，上游肯定会决口。按照近年的治理河道的经验，河流开口子不是不能堵塞，旧河道也不是不能修复，只是这不是长久之计。还不如依照水势的自然流动，加固堤防，疏导下流，让河水流入大海，这才是几十年的功绩。

从欧阳修的表述里，我们还有发现，就是一千年前，这里的河道必然经过了无数次淤积后的多次改道，这是毫无疑问的。那条勾画出宋辽边界的白沟河从霸州、信安以下，河床早已不复存在。千年沧桑，不能言说。那么，边关的榷场遗址如果要寻到踪迹，只有在淤积的地下挖掘了。贸易本身就有流动性，市场没了，人迹便消失了，鼎沸的人声也就没了，却是"黄鹤一去不复返，白云千载空悠悠"。

澶渊之盟后，随着宋辽经济往来愿望的萌动，边贸是立竿见影的标志。一个草原民族、一个农耕民族都对异地文化与物产有着浓厚兴趣，贸易可以互通有无。这时，宋朝安排了专门负责榷场的官员杨保用，职务是督监。

宋辽虽然经历了数十年的战争，但从动机与趋句来看，宋辽之间的战争和"儿皇帝"石敬瑭有关，是历史性遗留所造成，属二冲突，而其掠夺性质不明显，才有了打打谈谈后双方在冀中平原一带的妥协。辽国对于中原文化很感兴趣，积极吸收其文化精华。两国直接的交往形式是经济贸易，实则是文化交融，二者互为表里，没有文化的驱动也不会达成贸易往来。其实，开设榷场一直是两国的愿望。早在99二年，宋廷就在雄州、霸州、静戎军、代州雁门寨等开设榷场，还配置了"榷署"负责管理，可见从中获取的税收得到了实惠。从澶渊之盟签订之前说，两国只要战火稍有停歇，贸易就会以官方和民间的形式在边界进行，甚至从某种意义上说，宋辽停战更有贸易往来的润滑作用。

说到榷场，我们很容易和今天的贸易形式进行比较。有人以为，宋辽边贸即所说的"榷场"，就是官方指定市场，让商人摆摊经营，和今天的集市一样；也有人认为，和今天开放城市的自由贸易区一样，以降低利税促进市场发展。对照宋辽榷场的经营，可知这样的理解并不全面。榷场作为宋辽时期的特定概念，其含义和普通市场不同。我们今天"榷"有商讨之意，而宋辽时期带有"指定"的意思，是严格管理下带有官方性质的贸易。

由于宋辽榷场是以双方结束冲突为前提的，所以彼此带有试探性，都很谨慎，有所保留。在宋朝，盐、酒、茶、铁都是官府的专卖品，私贩是违法的，严惩不贷。早在宋太祖时朝廷就规定：私炼盐者，三斤，死；擅货官盐入禁法地分者，十斤，死。我们看，北宋作为文人统治国度，一百多年间历朝历代文人没有因言致祸被杀的记载，而在国家专卖权的维护上却一点也不含糊，严加管束，无非因为对于敌国有着高度的戒备。宋代把食盐的专卖叫"榷盐"，对于盐的统一收购价是每斤五文至七文，而售价却高达三十文至六十文，显然是个暴利行当。这样的专卖除了管控，也保证了国家的财政收入。

北宋在和北面的辽、和西北的夏都设立了边境地区的互市市场。榷场贸易的违禁物品都列有清单。而设置榷场的地点也时有变更，最早在正定一带，宋辽边境冲突激烈期间，榷场贸易就停废了。澶渊之盟后，双方确立了彼此认可的边界，即白沟河，榷场才稳定下来，而榷场设立也在这一带东西排开，双方都相继恢复了置场互市。1005年，辽在今内蒙古和林格尔北开设榷场，以羊及皮毛换取宋地的绢绸。不久，宋在冀中平原的雄州、霸州、安肃、广信等设立榷场。

从管理上说，宋初也是摸着石头过河，开始就是允许边界商人、群众与辽国自由互贸，这和今天的大集完全相同。谁知，这种集市非常火爆，但随着互贸市场的逐步扩大，问题逐渐显现，发现有朝廷严禁物资流向边外。于是，不敢有闪失，开始制定相应政策，层层设防，并设有官员监督贸易，除了交纳商税，还要通过中间人进行交易，这中间介绍人行业叫作"牙"。

"河北四榷场"的辉煌

2018年初秋，借到徐水访友之际，笔者寻到了宋代安肃军故地。安肃就是今天的保定市徐水区东部，朋友介绍，安肃镇是由城关镇更名而来，平原上饱受河流泛滥侵扰，安肃也未能幸免，如今遗迹难寻。笔者还是在大街上看到了许多安肃的称谓，有门店，有机关部门，站在安肃中学的大门口，笔者与这位教师文友留影以作纪念。宋辽澶渊盟约后，宋朝把静戎军改为安肃军，显示和好的姿态，很快，硝烟笼罩下双方对垒的古战场变成了安宁、整肃之地，安肃由战场变成了市声鼎沸的榷场。

一百多年后，北宋被金灭亡，南宋诗人范成大从都城临安出使北国，取道安肃，抚今追昔，不胜感慨，写有一首诗《安肃军》抒发胸怀："从古铜门控朔方，南城烟火北城荒。台家抵死争溏泺，满眼秋芜衬夕阳。"范成大路过安肃故地，看到的是锈迹斑斑的城门，满眼荒凉景象，他想起这片淀洼地却使得宋辽两国连年战火，如今只剩下夕阳下的秋色萧萧。那么范成大为何千里迢迢来到大金的土地，走到安肃一带呢？

"昼出耘田夜绩麻，村庄儿女各当家。童孙未解供耕织，也傍桑阴学种瓜。"善写农村生活的范成大，面对家国恩仇，不免也要愁眉紧锁了。说起这首《安肃军》，有一段关于范成大的经历。宋孝宗即位后想有些作为，收复北宋的中原地区，便起用老将张浚等发动北伐，结果却被金军击溃。大臣汤思退等人借机群起攻击张浚北伐误国，力主和议。孝宗只好下罪己诏，罢黜张浚，并下令撤防与金议和。于是在金朝大军胁迫下达成和议，主要内容是金宋两国皇帝以叔侄相称，南宋给金绢二十万匹、银二十万两，宋割今河南、江苏四州外，再割西北的二州给金。至此，一个屈辱条约签署。1170年，朝廷派范成大以起居郎、假资政殿大学士官衔，充任祈请国信使，向金索求北宋诸帝陵寝之地，便有了范成大这次北行。值得记住的是，本来那位《续资治通鉴长编》的主编李焘先生也在随行人员中，可他对北国恐惧有加，不敢前行。当时金国的迎接使者仰慕范成大的名声，以至效仿他戴巾帻。范成大在金国"词气慷慨"，相机折冲，维护了宋廷的威信，全节而归，这个过程，他写在了使金日记《揽辔录》中。

提起宋代榷场，"河北四榷场"是绕不开的话题。所谓河北四榷场，地点是指冀中平原一线的霸州、雄州、安肃和广信四个宋辽边境城镇，之所以被后来史家一并提及，是这几个榷场在澶渊盟约签署之后，争执多年的边界问题得以解决，双方以真诚的姿态开展贸易，因而它们具有持续时间长、交易量大、物资丰富的特点。辽国则在白沟河北边的新城（今河北高碑店市）、涿州等地设立榷场。而今，雄县已经划入雄安新区，千年前的榷场也必将进入新的一页。

笔者也曾到冀中的这几个榷场的县城周边寻访，所得无几，当地群众很少知道榷场的概念，倒是关于杨家将的传说很多。百姓更关心古代的神勇故事，即使演义也津津乐道。据说时至今日，别说榷场这样的市场遗迹，就是那时河道都被洪水淤积在地下了。这就是冀中地质地貌的特征。于是笔者在想象榷场的样子，想象那嘈杂的人流吆喝声发出的南腔北调。在霸州博物馆，笔者看到一幅照片，一条土路，两边是青葱的庄稼，让笔者浮想联翩。"迄今井邑犹荒凉，居民生资唯榷场。马军步军自来往，南客北客相经商。" 宋代诗人刘迎到了这里，依然一阵唏嘘，由于是边界地带，不免显得荒凉，倒是榷场的人声流露着几分繁忙与生机。

在"河北四榷场"设置的初期，宋、辽边贸并不火爆，这点谁都想象得出来：宋辽就有四十多年的战争，一个初生的孩子都已人到中年了，边境的人们一时对于没有硝烟的日子还没有适应呢。宋辽之间打打停停的战争阴影仍笼罩着边境，托运货物的商民更是心有余悸，只得谨慎投资，生怕稍有闪失就落个鸡飞蛋打。在澶渊之盟后，契丹人一直认为吃了点小亏，最初并未满足既得利益，所以试探性、小规模、局部地区的侵扰和掠夺在三关一线还时有发生。这样的走势决定于朝廷的态度，或者息事宁人，或者撕碎协议，当然过后来看，两国此后走上了和平共处的正轨，这是边境百姓的幸事，也是商民的幸事。同时，虽说是边境，但由于界线并不十分明确，只是个大致走向，而双方确定的两属地更是南北纵深几十里，所以在居民管理、税收等方面都免不了有些误会与摩擦。

虽然作为皇帝的宋真宗说盟约后给辽国的那点银两和绢对于宋廷微不足道，可在执行中，官方还是通过贸易得到了实实在在的实惠。渐渐地，随着经验的积累，为了在榷场征得更多的商税，用来资助军备开支和日常用度，官方对榷场的管理越来越规范，越成体系，越加严格了。

　　榷的意思是专利、专卖，从字面看，就与今天我们所说的普通市场有很大不同。榷署是榷场的管理机关，由朝廷直设直统，"委任专官稽查货物，征收商税"。那么榷场与地方又是什么关系呢？榷场的地盘虽然领辖于所在地区的监司及州、军长吏，朝廷规定，人事、榷务管理等方面，却不受地方的节制。而且，地方官员不得介入榷场榷务。只有在榷署的要求下，方可出面调停、解决、处置客商之间的冲突和不法交易以及有关的刑事案件。反之，榷署长官亦不准参与地方上的一切事务，简单说来，也就是地方与榷署为两套人马，各行其是，互不干涉，前者保稳定，后者为税征。

　　再说职务级别，榷署地位很高，长官品级与州、军长吏的品级基本相等，朝廷所下达的旨意、指令亦把二者列为平级，可见在战争过后，朝廷对榷场很是重视。

　　这里就要提到榷场交易的一个重要角色了——官牙。关于牙行，今天已经很陌生了，它的意思就是车船店脚牙里的"牙"。牙的意思是掮客，就是经商的中间人、介绍人。榷场一个鲜明的特点就是巧妙地利用了牙行，经营牙行须经政府批准，本身获得收益要纳税。牙行在交易中起着"评物价"，"通商贾"，代政府统制市场、管理商业的作用，故也称"官牙"。榷署规定，进入榷场的商人，必须结保，由"官牙"造册登记，这样就形成彼此的制约。如果其中一个商人违反了榷场规定，其他九个商人必须承担连带责任，这样的效果是使牙行由单独行为，变成了一种集体组织，便于管理了。大商人则更严格，一旦越轨，其惩罚则十分严厉，除没收当事人的全部货物外，还会责令其离开榷场，不许再来经商。当然这所谓越轨，就是偷卖违禁货物，毕竟这类货物的盈利也很吸引人。

因此，榷场贸易受官府保护，为了维护既有的游戏规则，防止商人进行非法交易和走私活动，榷场内的商家都要相互扫保。到对方榷场贸易，必须十人一组，只能携带一半货物，另一半货物就做了抵押。如此一来，为了完成交易，把所有货物卖出去，牙行就有了大用场。同时，这种由榷署指定的"官牙"，避免了贸易双方直接接触，而是当个"二传手"，做好货物成色居间检验，并抽取牙税。

从制度上讲，对于本分做买卖的榷场商人，宋朝官府还是有些优待政策的。一方面，定向减税；另一方面，允许商人参与官府采购和商品定价，对于采购和运销军马、矿石等紧俏急需战略物资，并以时令价转售给官府的商人，官府会给予适当奖励，以此调动商人协助官府调控紧缺物资供需，参与边贸活动的积极性。

随着榷场管理的深入，还会按照不同的行业组成行会，无论哪行，要由官家出人或由官家指派行会中的某一成员担任会长，这样由原来商人的结组到现在的行会，有点有面，就形成了网格化。榷署与行会就成了上下级关系，行会执行榷署的指令，署、行两者形成一体，就避免了两张皮，达到了向商人渗透的效果，利于对商人进行约束和控制。实际上，行会会长即是榷署长官的代言人。

榷场贸易受官方严格控制，不许贸易双方在夜间洽谈业务，不许商人自行商洽和成交贸易。销售前，商家必须携带货样到榷署登记，经榷署检查商品，评定货色等级，审批同意后，再由官方牙人带领，与对方进行贸易洽谈。成交之后，先向官府交纳税金，这就是当时所说的"牙税"。如遇到某种特殊情况，使交易中断，其"压税"是会退还商家的，但"牙税"不退。

在榷场贸易中，有官商和私商之分，官商有贸易优先权，私商贸易不得与官商贸易进行竞争。在官商无货的情况下，榷署才会指定私商货主带其货样在牙人的带领下，引见双方，从中斡旋成交，这样就防止了偷漏税情况。

那么，我们就有了几分好奇，这样严密的举措，是不是在管理上无懈可击、万无一失呢？有了官牙的存在，对辽国的军用战马，宋朝的硫磺、硝、铜铁、弓箭等双方明令禁止的货物在榷场的流通，起到了一定的限制作用。反过来我们要看到，所有的制度，其执行者都是人，而人的头脑是活跃的。要知道，越是限购的，越是对方迫切需要的，这种旺盛的需求和暴利，民间走私就会越来越多，屡禁不止。到了后来，这样的走私起到了润滑作用。宋朝官府急需战马补充军力，就对能搞到战马的商人进行私相授受，也在暗中支持。而辽国官府也采取类似操作，得到中原所需的货物，双方心照不宣，表面上始终是一团和气的样子。这样的结果，榷场外的走私贸易也异常活跃，扩大了双边贸易规模，榷场官员也因此多了灰色收入。这些都是暗箱操作。

我们知道，澶渊盟约后，宋辽有120年的友好共处时期，彼此都在忙着发展生产，改善群众生活，壮大国力。当然，这时候有个北方政权也在崛起，就是大金，加上西北的西夏政权，所以这样的局势让宋辽继续维持着彼此的盟约，而霸州、雄州、安肃、广信四个榷场一直没有间断，达到了空前的繁华。

当然，随着榷场的日趋繁荣和逐步扩大，榷署对榷场的管理也在不断加强。榷场开始效仿地方的管理体制，设"衙前"，运送官、私货物，看管榷场库房钱物。设"书手"，掌管、督催货税和占地税。设"承符、人力、手力和散从官"，供榷署衙门随时驱使。设"耆长、弓手"，逐捕盗贼。由于榷场稽查人员大量增加，稽查的事项有增无减，一旦发现商人有偷税、漏税、走私、违禁等行为，官家则会重罚，其目的还是增加税收。以霸州榷场为例，据《宋会要·商税杂录》记载，宋神宗熙宁十年（1077）的商税总额为五百万贯多，而朝廷每年便可在霸州榷场获税二十余万贯，约占北宋四京、十九路税收总额的百分之四。

战争从来都是两败俱伤，没有战争，对百姓来说都是好日子。宋辽在冀中地区一百多年的和平时期，经济文化交流加强，彼此都得到了实惠。辽国作为草原上的游牧民族，从宋朝进口了大量物资，覆盖了日常生活的方方面面，改善了所需物资短缺的局面，使辽国各阶层民众的吃穿用住，越来越依赖宋朝的供应，促进了与中原文明的融合。与此同时，大量中原书籍也经由榷场流入辽国，潜移默化地改变着辽国人的阅读习惯甚至是思维方式，使其更愿意接近中原文化；宋朝也是在贴近北方文明中，不断吸收与借鉴，而这一切，都是润物细无声的，是无处不在的。

榷场，体现的是一种边贸往来，又何尝不是政治、军事、文化以及外交诸方面角力的结果。榷场是宋辽盟约的产物，自签署之日起，其内容到今天都是人们议论的话题。在当时，宋朝朝野倾向是一个可能接受的协议，起码不是在利刃逼迫下的不平等条约，它摆脱了常年于冀中的纠结，而宋朝也得到了几个朝代之前石敬瑭划出去的十六州中的关南三个州，他们认为纳银纳绢的数额是个些小损失，不能不说是宋真宗为政时期导演的一部好戏。年深日久，一些持否定态度的话语成了杂音，占不得主流了。这样的结果连几十年后的史学家司马光都很满意。嘉祐八年（1063），司马光还在夸赞"国家自与契丹和亲以来，五十六年，生民乐业"。在司马光看来，百姓安居乐业才是第一要务。文豪苏辙则对澶渊之盟息止了战争给予高度评价，"修邻国之好，逮今百数十年，而北边之民不识干戈，此汉唐之盛所未有也"。边境安宁是个棘手的难题，即使强大的汉代唐代也未能寻到求解方法，只有付诸战火，而大宋做到了，真是功德无量。要知道，司马光和苏辙这些人不仅仅是文学家、史学家，还是当时举足轻重的高官，前者是宰相（尚书左仆射），后者是副宰相（门下侍郎），都是朝政的绝对大腕级别。

雄霸两州榷场兴

我们知道，雄州、霸州的名字不在燕云十六州之列，是后周世宗柴荣领兵北伐时打到这里，亲自命名，果断由"关"建州，他倚重军事，却是为了息止硝烟。这是一项政治谋略，是他的远见卓识，他要做的就是在这一带增加人口，发展生产。长远谋略延续到一千年后的今天，这里已是路网纵横，经济繁荣。值得一说的是，由他命名的雄州一带已经起步，将成为"国家大事、千年大计"的大都市。雄州、霸州取名意义深远，是后周世宗皇帝，为这片燕赵文化交融之地的冀中平原注入了一份英气、豪气。

河北四榷场，我们着重说说冀中平原腹地的雄州、霸州两个榷场。

霸州的榷场以霸州城为中心，以拒马河为主场，以两营为本营，构成了特有的榷场布局。

霸州城乃为军事重镇，是为抵御契丹人的南侵而建，因此，霸州城的布局与其他州城的布局大相径庭。由军事重镇再变为边贸城，这又是一个跨越，其城内军营较多，私人宅院和私商门店较少，略加修改便可为榷场招留商人客栈之用。

据多年关注霸州榷场的文史研究者王增朵先生介绍，在霸州城内，西有霸台，昔日此处是边关将帅操练兵马、指挥作战的中枢要地，而榷场设置后，霸台即过渡为商用，管理、调度榷场的管理机构榷署就设在这里。霸台之下有校场，当时已经寻不到往昔的军旅，取而代之的是川流的客商，满目的货品，宋人称之："公籴私贩，辇负不绝，四方商贾，贸迁有无，天下物货种列于市。锦绣组绮，聚于其中。"他认为，常来这里的多为散商小商，大宗的贸易并不在这里进行。

在霸台和校场以西，是榷署直接管理的马场。这里饲养着草原上的各种马匹，每匹马都有编号，均标明它们的产地、习性、耐性及抗病能力等。这里的马匹并不是为了交易，只为购马者提供样品。如某一客商看中某种马匹，即可就地找到榷场的牙人，说明大意后，就能在他的带领下，到辽方实地考察马群，洽谈购买事宜。

在霸台和校场的东侧，原为军营之宿营，数十排营舍已或了各军、各路的商家会馆和各行行会的所在地。走进这里，即可接触到来自各地的商家和他们陈列的商品，或咨询，或洽谈，均可在此进行。

霸州城里的大小建筑，多为商用，少为民居，毗邻的茶楼酒肆、药铺作坊、典当银号、日杂粮行，皆是榷场的后勤服务部门。更为特殊和方便的是，这里的钱庄既可承担资金的拆借，亦可进行不同钱币、不同实物的兑换，以便利商家的业务开展和榷场交易。

雄州榷场内容丰富

宋朝早在宋太宗时期已设置雄州榷场，作为京榷货务的分支机构，管理与辽贸易，任命知州何承矩为河北缘边安抚使，管理榷场。后来何承矩身体有病，推荐李允则知雄州，继续管理榷场。李允则接管后，感觉榷场所流通的货物与定位不符，原来榷场最早都是摸着石头过河，没有经验，又怕惹出事端，一度规定只能交易丝绸之类的生活必需品，交易额极小。李允则认为北方人喜欢中原的奇珍异物，而他们出产的都是中原的紧缺物资，这是以他们有用之物换我们无用之物的好事，应该放开，不应该管。于是积极向朝廷上书说："此以我无用易彼有用也，纵不治。"接着，榷场增添了香药、犀象以及茶叶等物品的贸易。当然，由于当时宋辽经常发生战事，榷场也就时断时续。这样的探索很有意义。

真正做起来并持续下去是宋真宗以后，战事息止，一直延续到仁宗、英宗、神宗朝，两国贸易都往来不绝。同时，契丹方面也开放了新城（今天的高碑店）贸易。为了严格管理，朝廷对榷场机构设置齐全，派遣都官司员外郎孔揆管理榷物，派转运使刘综等专管货物供应，平抑物价，征收榷税。双方交易的商品基本确定，宋以茶叶、香药、犀象、苏木、缯帛、漆器、瓷器、杭稻为主，辽以羊、马、橐驼、镔铁刀、北珠为主。双方也各自设立了违禁物品检查站，不准交易。宋严禁硫黄、焰硝以及炉甘石等流入辽邦。出于知识保护，元丰元年又对北方有印刷品禁令。

市场具有的流动性的特点，使之在平原很难找到痕迹，我们只能寄希望于地下。考古工作者在今内蒙古和东北辽代古城和墓葬中，发现了宋朝制造的瓷器、漆器、铜钱等文物，研究人员推断，由于规模化，品种集中，这些通过贸易形式进入辽境的可能性最大。潜移默化中，贸易活动促进了契丹族与汉族的经济文化交流和发展。由于雄州设有界河司，按照澶渊盟约的协议，宋输给辽的岁贡绢、币要在雄州进行交割。然后由辽方从白沟渡口向东走渤海运往辽境。可以想见，当时作为边境重镇，雄州人员来往频繁，商贾云集，是北方的繁华都市。

榷场利润有时还会成为皇家的小金库。《续资治通鉴长编》就记载这样一件事，有个叫赵延祚的雄州人，是大户，他在宋太宗时期当官很微妙，他经常拿出家财结交当地豪杰，一有动静，就透露给州府，这样就赢得了州府的信赖，还为此得了官职，侍禁兼雄州北阙城巡检，七十多岁了，真宗询问他边境之事，他打起了榷场的主意："皇后和妹妹齐妃有些恩怨，无非是金帛这类的分配，皇帝和皇后得到了，下边沾不到，我倒有个好主意，拿出些榷场的利润来，优待他们，岂不皆大欢喜。"

　　我们看到，虽然在榷场管理上双方都有明确的物资限制项目，但它又是润滑剂，一些紧缺品可以通过商人私下购得。宋朝最缺的是马匹，在冷兵器时代，几次和辽国交锋都吃了亏，就是因为辽国的骑兵左冲右突，让宋朝步兵吃尽苦头。要想扭转这种局面，就要加强骑兵，所以战马已是战争必需品。因此榷场正好是个渠道，商人总在想方设法地采购和运销军马、矿石等紧俏急需战略物资，以时令价转售给官府的商人，官府会给予适当奖励，以此调动商人协助官府调控紧缺物资供需。1005年，盟约签署后，关于边境的马匹交易规定才有所放宽，以前限制在马匹三岁至十七岁，现在限制在四岁至十三岁者，其他的可以自行交易。

　　我们知道，雄州作为边界重镇，除了设立榷场，还有宋朝设立的界河司，负责辽国外交事务，发放通牒，是两国人员往来的必经之地。关于双方贸易，把握尺度很关键，这点都在看着皇帝的基本态度。在1006年，宋朝使臣从雄州回来后，向皇帝汇报工作，赶紧说说榷场商旅在北国贸易的情况。这位使者很是满意，他说了一件事，有个隆庆王爷，得到了宋朝商人的礼物，一定按照市场价格给钱，还设酒馔慰劳他，说现在辽国和好，如同一家人，今后两国要永续友谊了。真宗皇帝对身边的宰相王旦说：北国人的心态，确实真诚一片啊，正因为这样，我们一定谨慎选择边界的官员，严格按照合约做事。宰相王旦凑上去说了个细节：大臣孙仅到北国去，印象中他们的皇帝身体虚胖，气韵污浊，倒是这位王爷隆庆精瘦果敢的样子，在辽国人气很足的。隆庆得到了我们的馈赠品，转过来大肆奖赏，他的心思还不是要鼓舞人心吗？

孙仅是何许人？北宋与辽国结盟时，互派和平友好使者，孙仅得到了一个新职务是"国母生辰使"，专程前往辽国为萧太后祝寿。

再说一下宰相王旦。在真宗亲征澶州时，他也没闲着。辽国人南侵到了河南一带，真宗听从寇准的建议，御驾亲征澶州时，王旦在随行中。可正在这时呢，担任都城留守的雍王赵元份患了重病，王旦受皇帝委派秘密从军前回到开封，接任留守一职，也就是临时负责人。王旦虽贵为宰相，可让他接替雍王为皇家的天下掌权，虽说是临时的，还是吓出一身冷汗。为谨慎行事，临返程前跟真宗说：请求陛下招到跟前来，我还有交代。寇准来到后，王旦奏请说：陛下，这次和辽军澶州大战，如果十天之内没有传回捷报，应该怎么办呢？对于这样的选择题，真宗回避不得，战争有胜有败，谁也不能预料。他沉默了很久才说：那就立皇太子。王旦回到京城开封，直接去找禁军，下了严格命令：封锁消息，任何人不得传播。禁军做得确实到位，等到双方签署了澶渊盟约，真宗安全返回，王旦的部下和家人跑出郊外去迎接。就听见禁军骑兵的训斥，再一看，才知道原来是宰相王旦出来迎候皇帝。

十一

那些镇守三关的将领

三关的名称，从后周时期出现，此地改建州、军后也在沿用。这时，三关一带隶属于河北四路中的高阳关路。高阳关路指挥部设在今天的河间西部。

从战争对垒，到边境防御再到榷场边贸，宋辽各有许多将领在河北中部平原坚守与拼杀，有的长期驻守，惯看边关残月冷，洒下一腔热血，有的留下动人事迹，有的记下一段枯寂岁月。这些将领可以分为三类：一是镇、定、高阳关三路都部署，位高权重；二是高阳关路都部署，直接负责辖区的军事；三是霸州、雄州的知州，为地方建设做出极大成绩。而这些将领的威猛与懦弱，恰恰左右着朝廷的局势，也引领着这段曲曲折折的历史。"一将功成万骨枯"，无数边关士卒血染平川，俱成泥土，而这些将领的名字留了下来。

（一）王显：镇、定、高阳关三路都部署

王显出身宋太宗藩邸，以谨介而受信任。咸平三年（1000）春，王显被改授为山南东道节度使、同中书门下平章事、定州路行营都部署、河北都转运使兼知定州。同年秋，定州官民拜访定州都部署孔守正，陈述王显的治绩，希望将其留任。孔守正向朝廷上奏此事。

咸平四年（1001）秋，王显被加为镇、定、高阳关三路都部署，宋真宗允许他"便宜从事"。十月，契丹南侵，其前军抵达威虏军。当时，威虏军降雨多日，契丹军用皮革制作弓弦，因受到潮湿后松弛无法使用，王显所领宋军因而大败契丹。战后，王显上奏说："臣原先奉诏在邻近边境处布阵，以及应援北平控扼的道路。不久后，敌军骑兵已经穿

越亭障，臣的前阵虽然取得胜利，但终究违背了诏命。"于是向朝廷请罪。宋真宗亲赐手札，表达抚慰之意。

咸平五年（1002），王显请求致仕，赵恒不许。王显入朝觐见后，真宗又派他返回驻所。因其一再请求罢去兵权，真宗才改拜他为河阳三城节度使。

景德元年（1004），徙知天雄军府。其后上表请求奔赴行在，赵恒同意。同年秋，王显回到镇所。契丹大举南侵，赵恒与群臣商议亲征事宜，王显献上三策。但在这之后，"澶渊之盟"签订，割据夏州的李德明也遣使进贡称藩，朝廷加以赏赐，并且允许流通青盐以便利边民，这都是听从了王显的建议。

（二）将门虎子的高阳关路都部署张凝

张凝是山东无棣（今德州庆云县）人。他小时候就无所拘灵，学得一身武功。乡里有个赵姓后生一直自以为是，认为自己才能出众，张凝偏偏不吃这套，就相约比试射箭，一决高低。在村外筑一土台，上插一小草人为标，先后射之。张凝屏声静气，一镞疾出，洞穿草人正中，箭头又向前飞行十几步，射中前面一树干。赵氏自愧弗如，观看者无不叫好叫绝。没想到这次箭秀给他带来人生转机，节度使张美听说了，连夸好样的，把他召到自己的帐下。宋太宗当时还是王爷，也听说了他的威名，招进做近卫。待他做了皇帝后，就顺理成章地把张凝封为殿前指挥使，不久又成了都虞候，接着派到前方，任高阳关行营铃辖。

998年初，契丹南侵，张凝率部队在瀛州（河间）西设伏，出其不意，直冲敌阵，被敌人团团包围。张凝的儿子昭远，才十六岁，就随军打仗，只见他单骑喊叫着突入阵中，把父亲救出，敌军被这阵势惊呆了，没敢还手。999年，契丹兵大至，宋真宗驱车驾临大名，张凝与范廷召于莫州东分据要害，断其归路。契丹宵遁，凝纵兵击之，尽夺所掠生口、资畜。徙镇、定、高阳关路前阵钤辖。

景德初，代杨嗣为定州路行营副部署，又提拔为保州驻泊。时王超为总帅，以大兵驻扎在中山，朝廷选派张凝与魏能、田敏、杨延昭分握精骑，等到契丹军南侵，就深入他们的后方，从而牵扯分散契丹军的力量。王超想把这四人的部队都归他管理，皇上认为这本来就是设奇兵干扰敌人的心腹，如果再调整将领，就达不到预期效果了，就让张凝等不受王超的调遣。当时魏能因怯阵而避敌，退却到城堡，大家都愤慨愤悱，责备他，张凝却不发话。有人问他为何不表态。张凝说："他刚愎自用，已然不为大家容许，我再斥责一番，他就更不安了，这不是个好办法。"皇上听说后，认为他识大局。

张凝不久擢升高阳关路都部署，加授殿前都御候；这时的杨延昭升任莫州防御使，并知保州。张凝、杨延昭二人同心戍边，共同守护着大宋北大门。

张凝是杨延昭的老上司和老战友。这时的高阳关都部署正是张凝，1005年张凝病故。杨延昭又改任高阳关路副都部署，可惜这时已是宋辽澶渊盟约签署之后了，杨延昭此后再没有经历战争，而是积极防御，他在职连任九年，死于职位上。

再说张凝的儿子张昭远也是一员虎将，他自幼跟随父亲习学武功谋略，和父亲共守边关，毫不逊色父亲当年的英武，也是威名大震，因战功提升为左班殿直寄班祗候。他每次奉旨出使归来，都要把了解到的情况据实向皇帝奏报，并分析其利害，提出自己的见解，多数都得到皇帝的赞许。1017年，宋真宗亲自提名张昭远任西上阁门副使。接着又连任河北缘边安抚使、瀛州知州、雄州知州等职。后调往西北前线，任鄜州延兵马都钤辖，领忠州刺史。他在咸平川修筑城堡，增强了西北边境的防御能力。

（三）"南北和"式的传奇人物——王继忠

有出戏，剧种是河北梆子，剧名叫"南北和"，讲的是宋辽议和的事，故事很是离奇：北宋年间，辽宋久战，民不聊生，佘太君奉旨到边关议和，辽驸马王司徒（杨八郎延顺）在碧莲公主帮助下，过关探母，共议两朝和好之事。辽将耶律其为夺朝权，暗派奸细行反间计挑起祸端，致辽宋和好费尽周折。最后，耶律其阴谋败露，南北和好。这部戏假托杨家将进行演绎，出现了杨八郎、佘太君这样的虚构人物，但其主旨很好，表达了宋辽民间厌战，向往和平的愿望。

戏中的杨八郎虽是虚拟，而历史上确有这样一个原型，他就是官至高阳关路副都部署的王继忠。

王继忠是开封人，其父亲王珫曾任武骑指挥使，戍守瓦桥关。王继忠自幼丧父，六岁时补任东西班殿侍。宋真宗在王府时，得以侍奉左右，因恭谨厚道而受到亲信。宋真宗即位后，王继忠补任为殿崇班，累迁至殿前都虞候，掌领云州观察使，出任深州副都部署，改任镇、定、高阳关三路铃辖兼河北都转运使，升任高阳关副都部署。

咸平六年（1003），契丹几万骑兵向南侵犯，到达太行山东麓的望都，王继忠等人率领军队支援。王继忠阵势偏东，被敌人所利用，绝断粮饷道路。王继忠独自与部下跃马奔驰前去，由于服装衣饰不同，被契丹人认出来，陷入重重包围。身边的士兵多受重伤。受伤的王继忠殊死战斗，边战边走，沿西山而向北，到达白城，不久被契丹俘获。宋真宗认为王继忠已死，优诏赠大同军节度使，增加等级送给财物以帮助办丧事，又给他的四个儿子封官。

1004年，宋辽都有议和愿望，辽让王继忠上奏奏章，宋朝才知道他还活着。双方经过几次谈判，签署盟约，从此南北息兵，幕后也有王继忠的功劳。

此后，宋朝每年派使者到辽，宋真宗都挂念着王继忠，必定把袭衣、金带、器币、茶叶药物一批财物赐给他，身在北国的王继忠看见宋朝的使者，常常声泪俱下。王继忠也曾附奏表请求把他召回，宋真宗考虑到双方议和，不想背叛盟约，就让人捎书和王继忠讲明大局。再说辽国，对待王继忠也很优厚，还更改他的姓名为耶律显忠，又改名耶律宗信，封楚王。再以后，不知王继忠所终。

（四）魏能：毁誉参半的威虏军知军

1001年，魏能以朝廷特派员的身份，出任镇、定、高阳关三路前阵铃辖；1002年，又兼任威虏军（今保定市徐水遂城）的特派员。

起初，魏能打了几次硬仗。契丹入侵，魏能防守城西，与其他将领配合作战，毫无惧色，大败契丹军队，斩杀二万余人。契丹统军铁林率军叫阵，魏能一箭射杀铁林，擒其将领十五人，夺取了大量盔甲、马匹、兵械。不久，契丹主帅率大军到达，魏能率军与之在南关门大战。魏能派遣自己的儿子魏正与都监刘知训率军从小道包抄敌人断其后路，激战后契丹军退至西山下，大败而逃。其间，契丹军曾经打算包抄宋军，魏能侦察得知消息，随即发兵迎击，生擒敌帅，其余契丹军被扫灭殆尽。

胜利给军民极大鼓舞，为了留住魏能，威虏军的军民派代表到朝廷请求留下，真宗很是高兴，特别下诏书予以奖励。为表达与城池共存亡的决心，魏能上书建言："戍边官兵如果丢掉边境防区，他的老婆孩子要受严厉处罚，充作奴婢。"当然，对于这样的条款真宗认为过于严苛了，没有采纳。1003年，魏能正式被任命为威虏军部署、知军事。

真宗下诏派魏能、杨凝率军分道进军幽州、易州，牵制契丹。魏能畏懦不前，自愧无功，多怨言，闻于朝廷。朝中大臣认为魏能粗暴刚强、狡猾阴险，又不知检束自己，不可使其独当一面。于是任命綦政敏为钤辖，魏能为副职。次年，班师回朝时，又因入城的先后顺序问题与主帅孙全照发生了激烈冲突。孙全照上书真宗，陈述魏能率军不前，坐失战机，以及回师时军纪不整、不受管束。真宗调查核实后，责授魏能为右羽林将军，出为巩县都监。第二年，经过魏能上书自陈，真宗念其功勋，特改任右骁卫大将军，虢州都监、加领康州团练使。1015年魏能去世。

（五）康保裔：战死在高阳关路的都部署

康保裔，河南洛阳人。祖父叫康志忠，在攻打汴梁时战死了。父亲叫康再遇，跟太祖打李筠，又死在战场上。康保裔在周朝屡立战功，等到康再遇战死之后，皇帝下诏书让康保裔代替了父亲的职位，跟石守信一起攻下了泽州。又和一些将领在石岭关打败了契丹人，做了登州刺史。不久又做代州知州，又调到深州任职，还做过凉州观察使。后来真宗即位，把康保裔诏回朝内，因为他的母亲年老需要勤加奉养，将上等的尊酒茶米赐给他。皇帝下诏书嘉奖了康保裔，又让他去做了高阳关都部署，可此时实际指挥是傅潜。契丹兵大举入侵，诸将与契丹人在河间开战，康保裔亲选精锐的士兵参与战斗，恰逢傍晚，同契丹人约定第二天早晨打一仗。但第二天黎明时分，契丹人就把他们重重包围，手下劝康保裔换掉盔甲骑马突围逃跑，康保裔说："大难当前，不能苟且偷生。"于是就决战。打了两天，杀死了不少契丹人，地下尘土都踩了二尺深，但最后弹尽粮绝，援兵却迟迟不来，英勇战死。

当时皇帝驻扎在大名，听到康保裔战死，震惊难过，两天不上朝，追赠康保裔为侍中。

（六）傅潜：畏手畏脚贻误战机的高阳关都部署

傅潜是冀州衡水人士，算是河北本地人。太宗在藩邸时，把他召置身边。太宗即位后，傅潜任殿前左班，东西班指挥使。战争考验了他，征太原时，他一天两次被飞箭射伤。他引起宋太宗注意是打到涿州一带，生擒契丹军五百多。第二天，皇上经过他的地盘，看见片片堆积的敌军尸体，还有敌人丢掉的兵器，不住地夸赞他。雍熙北伐时，元帅曹彬北征，以傅潜为幽州道行营前军马步军都指挥使。岐沟之战，败在拒马河边，被追责降为右领军卫大将军。第二年，又被起用为内外马步都军头、领藩州防御使，寻拜殿前都虞候、领容州观察使。端拱初年，加殿前副都指挥使、领昭化军节度，出为高阳关都部署。

皇帝往往也是偏听偏信，傅潜的那次作秀，给皇帝留下了深刻印象，频频对之委以重任。可是傅潜更有畏怯的一面。一次契丹军长驱直入，边界城池纷纷告急，当时，傅潜手下有骑兵八万多，摩拳擦掌准备好铁挝、铁锤，随时听候出击指令。可这位傅潜胆小了，不知道该怎么出战，只让官兵闭门自守。有将领请求出战，被傅潜一顿臭骂。很快，契丹军攻破了狼山寨，全力进攻威虏军，又侵占了以南一带地区。朝廷几次派使者抄小路给他送信，督促他出兵，与其他平原关路部队合击，范廷召、桑赞、秦翰也催促他，他都不听。范廷召等人无比愤怒，甚至讥讽刺激他："你啊，胆量都不如一个女人！"傅潜听了，佯装没听到，不予理会。都钤辖张昭允也屡劝傅潜，傅潜笑笑说："敌人士气正盛，我们和他硬拼，不是正好挫伤我们的锐气吗？"再不得已时，他分出八千骑兵、两千步兵给范廷召等，从高阳关迎击，并答应自己带兵增援。可是范廷召部队和契丹血战后，傅潜也没派兵前来，寡不敌众的康保裔战死在这里。

（七）高琼：宋太宗两次北伐契丹的建功者

高琼祖上就是燕地人（今河北省北部），入晋王赵光义（宋太宗）

藩邸，历任龙直指挥使、保大军节度使、检校太尉、忠武军节度使。大字不识的他却晓达军政，屡立战功，得以频频升迁。宋太宗第一次北征辽国时，在高梁河之战大败。太宗狼狈逃离，留下高琼殿后，这种溃败乱局中，六班扈从都没跟上，只有高琼率所部紧跟其后，太宗很高兴，回去后特意慰劳了他。

高琼有两件事比较突出。一是声东击西，水路进击契丹。这个主意本来是知雄州何承矩的谋略，高琼成为执行者，也是建功者。986年，宋太宗策划雍熙北伐，三路大军进击契丹，高琼被委任为马步军都军头兼任蓟州刺史、楼船战棹都指挥使，率船千艘赶赴雄州，然后顺着白沟河向东，进入渤海，北攻平州（今卢龙县），连克秦皇岛、锦州等地，转移了契丹军的注意力，达到了预期目的。

二是澶州之战时，作为合谋，与寇准力劝宋真宗亲征，算是间接促成了后来澶渊之盟的订立。当时，萧太后与辽圣宗率精兵二十万南侵，震动朝野。宰相寇准主张真宗亲征，真宗犹豫不决。正在愁眉不展的时候，寇准出殿遇到高琼，言明此事，高琼果断地说："国家临危，理当效死。"又随同寇准上殿，慷慨陈词道："宰相主战，实乃良谋。若避敌迁都，就一定会军心动摇。望陛下亲征，重振军威。老臣虽年近古稀，愿效力死战。"他的这些话也促使真宗下定亲征的决心。

真宗起驾北去后，高琼与寇准二人不离左右，适时进谏，坚定了真宗抗敌的信心。到澶州南城，真宗又不想前进，高琼力劝真宗，拥促着他前行。到达黄河浮桥，真宗又想停留，高琼急令驭辇武士飞马前进，直抵澶州北城，请真宗全副仪仗登上城楼。城外宋军见到了真宗亲征，都高呼"万岁"，军威大振。

还有一点要强调的是，宋英宗赵曙即位后，册封高琼的曾孙女高滔滔为皇后。此时，高琼已经病故，被追赠为太师、尚书令兼中书令，追封秦国公，也是尽享哀荣。

（八）王汉忠：爱好读书、乐近儒士的河北三路都部署

如果在和平时期，王汉忠可能更想做个文人，可惜他生在动乱年代。王汉忠，字希杰，徐州彭城人。他年轻时豪放不羁，膂力过人，身形魁梧高大，擅长骑马射箭。徐州节度使高继冲想将他召至帐下，王汉忠不肯前往。后来因为斗殴刺杀了一位乡里人，他见势不妙仓皇逃走。可是后来这个小孩没死，王汉忠的老爹派人在萧县追上了儿子，王汉忠却不肯回去，就一路向西终于到了京城。此时赵光义还在王府做王爷，对这个大力士很感兴趣，召见了他，打量一番，又进行了一些交流，就把他安排在身边充当护卫。随着太宗的即位，王汉忠机会来了，先被任命担任殿前指挥使，屡次升迁为内殿直都知。

王汉忠随太宗出征太原，率先登城，被流矢射中眼珠，作战更加奋勇，皇帝赞许他，升为东西班指挥使。刘继元投降后，王汉忠就让部下安抚城中百姓。班师回京后，改任殿前左班指挥使，三次升迁为右班都虞候，兼涿州刺史。雍熙年间，改任马步军都军头。端拱初年，出任宾州团练使，历任冀、贝二州部署，迁任天雄军。端拱二年，入朝为侍卫马军都虞候，兼洮州观察使、高阳关副都部署。契丹向南入侵，王汉忠会合诸军将其击败，杀敌无数，立下大功。

真宗即位后，将王汉忠召回朝廷。不久，又外放高阳关都部署，晋升为威塞军节度使。咸平三年，改任侍卫马军都指挥使，改任镇州、定州、高阳关三路都部署、三路都排阵使。

王汉忠有见识和谋略，军中政事非常整肃，每次出兵，清晨时一定焚香祷告："希望部下将士不要违犯我的命令，违者毫不宽恕。"他的部下也从无偷盗抢劫之事。王汉忠性格刚强果敢，不拘小节，轻视财物，乐善好施。别看这位王汉忠行伍出身，却一直爱好读书，闲暇还能作几首诗。他还喜欢儒士，对待幕宾佐吏总是彬彬有礼。

（九）何承矩：足智多谋赢得百姓心的雄州知州

说到冀中三关，何承矩是个绕不开的人物。他威名远扬，足智多谋，对于戍边招数多，点子活，留下了许多事迹。何承矩字正则，年轻时为棣州衙内指挥使。米信为沧州知州，因为不熟悉政事处理，任命何承矩担任节度副使，实际专管州事。当时契丹扰乱边境，何承矩上奏疏说："如果在顺安寨的西面凿开易河蒲口，引水向东注入大海，凭借沼泽，筑堤贮水作为屯田，可以遏制敌人的骑兵快速行动。那些没有水田的地方，也希望挑选士兵戍守，选拔精锐，去除老弱。"太宗赞许并采纳。正赶上连绵大雨成灾，主管的人大多认为他的主张不好。何承矩援引汉、唐屯田的旧例，来说服众人。于是太宗任命何承矩为制置河北缘边屯田使，使他主持这件事。因此从顺安以东濒临大海，广阔数百里，全部成为稻田，百姓因此得益。

淳化四年，何承矩被提升为雄州知州。契丹精锐骑兵几千人深夜袭击城下，击鼓放火，以逼城楼。何承矩整顿军队，出来抵御，布阵酣战很久，斩首俘获很多。黎明，契丹军逃走。任职期满，何承矩被召回，授为引进使。州民一百多人到朝廷给皇帝进献马，乞请留下何承矩，皇帝赐给他金紫嘉奖他，下诏允许他留任。

真宗继位后，何承矩又被委任为知雄州，何承矩的任命诏书说："朕嗣守鸿业，惟怀永固，思与华夷共臻富寿。而契丹自太祖在位之日，先帝继统之初，和好往来，礼币不绝。其后克复汾、晋，疆臣贪地，为国生事，信好不通。今者圣考上仙，礼当讣告。汝任居边要，洞晓诗书，凡有事机，必能详究，轻重之际，务在得中。"真宗的意图是让何承矩巧用怀柔的谋略，与契丹人对话，另外就是有力有礼有节地处理好边务。不久何承矩又被任命为河北四路都转运使，凡是边防的重要事情都让他共同谋划。

即使在宋辽对峙时期，对于恢复榷场设置及运行模式，何承矩也在顶着巨大压力，先是在雄州设榷场卖茶，实际是按照真宗的旨意，对契丹摆出友好的姿态。

宋真宗这样夸赞何承矩："承矩读书好名，以才能自许，宜择善地处之。"

（十）李允则：智勇双全文韬武略的知雄州

作为何承矩的知雄州继任者，李允则谋略不逊于何承矩。李允则（953—1028），太原府盂县人，北宋将领。李允则以荫补衙内指挥使，改左班殿直。太平兴国七年（982），受命管理静戎军榷场，后出使河东路、荆湖路，擢阁门祗候。宋真宗初年，迁供备库副使，任潭州知州，到任后大力削减苛捐杂税，减少百姓负担，随后升洛苑副使、沧州知州，组织防御，击退契丹的进攻。随之转任西上阁门副使和镇、定、高阳三路行营兵马都监，镇守东部边境。

宋太宗太平兴国七年（982），北宋从幽蓟一带撤兵，并开始在静戎军设置榷场，李允则被任命掌管榷场之事。

景德二年（1005），宋辽订立"澶渊之盟"，双方罢战讲和，两相修好，李允则即调任瀛州知州，他上书说："朝廷已同意与契丹议和，即要选择好镇守边关的将领，谨守盟约，对于那些认为不应当与契丹议和的人，请都罢去。"这样的态度，使积极促和的真宗听着非常舒服，连连点头说："这也是我的意思。"不久，李允则迁任西上阁门副使。何承矩任河北缘边安抚、提点榷场，在他病时，皇上令他自己择人代理公务，他上书推荐李允则知雄州。

雄州城北面有个用作防御的旧瓮城，李允则想将它改建，与大城合为一体。可是，边防无小事，在边境大兴土木是违背宋辽盟约的事。李允则认真谋划了一番，他首先建造了东岳祠，拿出百两黄金做成供奉的器物，并到处宣扬，当地的居民也争相献出金银器物。过了一段时间，李允则秘密地将这些器物撤走，对外却声称从北面来了盗匪，于是多次下令在城北抓捕盗匪，并修筑城墙，扬言说是要保护东岳祠。最后关闭城门，开挖壕沟，修建月堤，终于把瓮城里的人全都纳入了城中。

李允则勤政惠民，清正廉洁，为官多年，却"身无兼衣，食无重羞，不畜资财"，且李允则"平易近人，洞知人情，善抚士卒"，他守河北边境20多年，为巩固边防做出了巨大的贡献。

（十一）王超：庸碌圆滑、贻误战机的边关将领

战时出英雄，也出狗熊。尤其是那些早早走上高位的人，贻误的不仅仅是自己的名声，还有稍纵即逝的战机。王超就是这样的将领。

宋朝论军事、论国力并不处于完全的劣势，而边关将领的能力却大相径庭。台湾三军大学编著的《中国历代战争史》中将王超与傅潜一同评价：如真宗时统大军于定州，前有傅潜，后有王超，者以愚庸误国事。

王超（951—1012），赵州（今河北赵县）人。王超年轻时人高马大，很是雄壮。他和高琼一样，早年进入宋太宗潜邸，自然后来就成为皇帝身边的近人。他官至建雄军节度使、知青州，卒赠侍中。从他的身世看，作为宋太宗身边的人，他早早身居要位，一生受益。

北宋王超位高权重，深受宠信，当时的宰相挥荐他，说王超才堪将帅，于是任用王超为定州路行营，王继忠做他的副手。不久又担任了镇、定、高阳关三路都部署。但在镇守边关时，却是庸碌之辈，贻误了大好形势。史称"然临军寡谋，拙于战斗"。即使是讨李继迁无大功亦无大过，反应不如17岁的儿子王德用。咸平四年抗击辽军半途而废，望都之战见死不救，景德之战逡巡不进，终于招致被贬。可是失利的损失却无法挽回。

就是这个王超，"虽无将帅之才，却久居高位"，为人圆滑，善于处理日常事务，所以能长期立于不败之地。其为人处世、对子王德用的

教育，为其子王德用的发迹和整个王氏武将家族的发展打下基础。

（十二）上官正：无所建树的高阳关路都部署

让能者上庸者下，大道理都懂，可人世间芸芸众生，历朝历代都是个重要课题，往往那些庸者身上却贴着资历和才智的标签。虽没像傅潜和王超那样贻误战机，可上官正在河北边关确属于平庸之辈。

上官正是京城开封人。他年轻时考中三传科举，后来在鄜州临时任职。上官正小试身手是李顺作乱时，李顺指使党徒攻打剑门关，当时守候的士兵仅数百人，时间不长就疲惫不堪，上官正没有放弃，而是鼓舞士气顽强抵御叛军的进攻。很快，成都监军宿翰率领队伍赶来支援剑门，双方合兵，力量大增，击溃了叛军。报捷的奏折递上去，宋太宗大为赞许，下诏书予以褒扬，并赐给二人袭衣、金腰带，破格提拔上官正为剑州刺史。 当时，四川有多股强盛的地方势力，因路途遥远，又是"行路难"的蜀道，朝廷也为那些出蜀的老旧栈道放心不下。此次上官正孤军奋战，挫败叛军锋芒，使入川通道畅通，遇有战事，朝廷可以顺利派出军队稳定局势。宦官出身的剑南、两川招安使王继恩多次设计引诱，叛军都不归顺，这时又是上官正施展本领，他耐心地向叛军宣扬朝廷的恩德和信誉，软硬兼施，这招果然奏效，叛军终于归降。

在四川的表现，让上官正捞足今后的职场本钱。真宗皇帝即位第二年，守边有功的上官正被派到河北一带，出任沧州刺史，接着改任高阳关路副都部署，实授官职洺州团练使。真宗巡视北方时，上官正作为近臣，担任行营先锋钤辖。 后上官正又历任沧、瀛、镇、贝四州刺史，不久担任了高阳关路都部署。许是居功自傲，或者惰性使然，在高阳关路庸庸碌碌，没有看到什么业绩。维持了一段时间后，因为脚疾，他请求任职磁州，真宗还亲书诏书以示安慰勉励。

（十三）李汉超：把守关南确保安定的早期将领

在从军生涯中，李汉超阅历丰富。初仕后唐，后仕后周，得到后周皇帝柴荣的重用，官至殿前都虞候。北宋建立后，历任绵州刺史、恩州团练使等。建隆元年（960），随军平定淮南节度使李重进的叛乱。不久升任齐州防御使，后来任关南兵马都监，到了河北平原。

开宝二年（969），宋太祖亲征北汉，李汉超任北面行营都监。需要指出的是宋太祖赵匡胤的北汉征讨以失败告终，后来他的弟弟宋太宗就因率军拿下北汉，高估自己，继而导致北征辽国失败。太平兴国元年（976），李汉超升任应州观察使、判齐州、关南巡检。

李汉超在关南任职十七年，其间关南一带政治稳定，断案合理，深得官民爱戴。他也很会安抚士卒，能和官兵同甘共苦，所以，太平兴国二年李汉超病逝后军中士卒都为他落泪，纷纷请求朝廷为其立碑颂德。朝廷降旨，李汉超追赠太尉、忠武军节度使。

李汉超也有不足，他毕竟行伍出身，行事有军阀作风。一日　他的辖内有人到开封告状，说李汉超强娶民女为妾，还借钱不还。这事让皇帝知道了，赵匡胤施展和稀泥的本事，要保护他的边关将领，就找来告状的人，问他："李汉超没来之前，北边的契丹安静吗？"那人回答："经常来侵扰。""那现在呢？""好多年没有了。"赵匡胤接着说："你想想，你的女儿如果不嫁给李汉超，会嫁什么人哪？""农夫而已。""李汉超是大宋边境防务重臣，娶你的女儿为妾，不强似嫁个农夫吗？"见皇帝这么说，那人不再言语。然后赵匡胤又派人跟李汉超讲，赶紧还人家钱，把人家女孩退回去，下不为例。李汉超心服口服，赶紧抓落实。这样一来，慢慢这些苦守边防的将士规矩多了。

（十四）杨延昭：从底层干起的高阳关路副都部署

宋辽边关战争冲突数十载，加上澶渊盟约后的防御期，河北三关一带将领众多，杨延昭是其中的一员。与那些朝廷下派官员不同，杨延昭的人生大半是在河北平原度过的。杨延昭、杨六郎、杨延朗同属一人，杨延朗是最早的名字，因避讳皇帝的字而改为延昭，杨六郎则是戏曲化之后叫响。杨延昭身死之后渐渐成为"杨家将"的重要人物，原因有多个，主要是随着明清小说兴起，加上印刷业的成熟而广为传播的。在社会需要这样的一个群体呼唤中，杨延昭连同他的父亲杨业，以及后来在西北戍边的儿子杨文广引起人们的关注，逐渐走进民间创作中。杨家三代都体现着对于朝廷的一个"忠"字。

杨延昭（958—1014），并州太原（今山西太原）人。杨延昭自幼随父亲杨业征战，雍熙三年北伐，杨业率军攻应、朔等州，时年二十九岁的延昭为先锋，战朔州城下，胳臂被箭头射中，他越战越勇。这仗中，杨业战死，杨延昭此后转战于河北一带。在与辽兵作战中，杨延昭威震边庭，人们称他守卫的遂城为"铁遂城"。宋真宗称赞他"治兵护塞有父风"。关于杨六郎的由来，杨延昭善战，让辽军吃了不少苦头。

辽国人认为北斗七星中的第六颗主镇幽燕，是他们的克星，把他看作六郎星下凡，就有了杨六郎的绰号。

任高阳关副都部署后，他的任务是防御，惯于打仗的他有劲使不出。在屯所九年，不通晓吏事，军中的文书和诉状，常派手下军官周正处理，常被他蒙骗，周正借机为奸作恶。宋真宗知道此事后，斥责周正，把他调往别处，还以此事警告了杨延昭。

杨延昭的人生轨迹，除了早期在山西负伤，以后基本在冀中平原执行防务。曾任景州崇仪副使、保州缘边都巡检使、保州防御使，官职均不大。宋辽签署澶渊盟约后，杨延昭调任高阳关副都部署。杨延昭智勇善战，他把所得的赏赐都用来慰劳军队，很少问及家事。他穿着朴素，进出时像小兵一样；他号令严明，能与士卒同甘共苦，遇到敌人必定身先士卒，作战获胜报捷，把功劳归于部下，士卒都肯于为他效力。

（十五）王晏：后周委任的益津关兵马都部署

显德六年（959），后周皇帝柴荣亲自带兵北征辽国时，有位69岁的老将王晏在随行部队，三月份柴荣任命他担任益津关一路兵马都部署。后周军进展顺利，至五月时，已攻克瀛、莫等州，收复了后晋石敬瑭送给契丹人二十多年的燕云十六州的关南一带，暂时以刚拿下的三关（淤口关、益津关、瓦桥关）为界，摆开下一轮进攻辽国的架势。

王晏（890—966），是今山东滕州人，出身农家，他经历了五代的后唐、后晋、后汉、后周几个短暂朝代。宋朝初期的963年，王晏以太子太师的身份告老还乡，回到洛阳的别墅居住。三年后辞世，赵匡胤为其辍朝三日，追赠中书令。

王晏是位资深将领，身经百战。早在后唐庄宗时就被招为禁军，后晋时他驻防陕州。后晋灭亡后，与禁军将领赵晖、侯章等推翻辽国在陕州的统治，归顺后汉高祖刘知远。后周建立后，在晋州大破入侵的北汉军。出镇家乡武宁军时，他严打盗贼，使治内安定，百姓无不称赞。周世宗柴荣北征辽国时，刚打到冀中，起用老将王晏在益津关任军中要职，足见对他的信任。王晏率军英勇作战，为收复关南故地立下战功。

（十六）韩令坤：霸州首任都部署

霸州由关隘改设州制，离不开一位皇帝，他就是有为的后周显德皇帝柴荣。《资治通鉴》载，显德六年（959）四月，周世宗乘舟自沧州督师北伐，辽守将终廷晖投降，益津关被收复。一个月后以益津关置霸州，关隘的功能退出历史舞台。柴荣任命侍卫亲军马步都指挥使韩令坤为霸州都部署。韩令坤担任督部署后，身份发生改变，开始率兵驻守，吸纳人口。

此后，宋辽在这一带形成了拉锯战。这时虽有辽军的占领，也并不稳定，史载淳化四年（993）二月，民妇王氏为反对浩繁的差役和捐税，以宗教为号召，率众起义，辽廷震惊，下令镇压，王氏被杀方告平息。从这件事看，这里的民众更倾向于投奔宋朝。咸平四年（1001）十一月，宋兵驻防淤口关、益津关，辽军迎击，宋兵败退。

这位霸州首任都部署韩令坤也是大有来头，他是北宋初年著名将领，周世宗即位，授殿前都虞候，显德二年，从李谷攻南唐淮南。六年，以马军都指挥使受命疏浚汴水，东导入蔡水，以通陈颍之漕运。攻取扬州、泰州后，加检校太尉，领镇安军节度使；从征南唐、北击太原与契丹，均有功勋。他随周世宗南征时，韩令坤率兵先入扬州，命权知军府事。扬州城为吴人所毁，诏发丁壮别筑新城，命令坤为修城都部署。

由于地处北方草原，辽国对于冀中平原往往是鞭长莫及，多是侵扰，宋朝的防御显得更为积极。端拱二年（989）宋朝沿拒马河界内，东南700余里，特置戍长司巡警。接着，宋朝诏六宅使何承矩等，督戍兵丁1.8万人，两个任务，一是屯田，二是防御。直到1004年十一月，宋遣曹利用赴辽请和，议定以白沟河为界。从此，霸州、雄州一带走进了和平交往时期。再以后，这些改州建城的边关，人口逐渐兴旺，最初的动议更显示出当年柴荣皇帝的深谋远虑。

（十七）韩通：冒着硝烟建筑霸州新城

要说既会打仗，又会建城，非韩通莫属。凭借修复了许多内地城墙的经验，韩通又一次入选，被派到边境建造霸州新城。

韩通是并州太原人，不满二十岁就应募从军，因身强力壮，勇于作战，被提拔为骑军队长。天福十二年（947），辽兵攻入开封，河东节度使刘知远（后汉高祖）在晋阳称帝，韩通投奔其帐下。

韩通能文能武。显德二年（955）正月，柴荣提出深（今河北深县）、冀（今河北冀县）两州间横亘数百里的堤堰不够高陡，难以阻挡契丹骑兵的长驱直入，命令韩通与王彦超率兵卒丁夫浚治。他一面主持工程，一面迎击契丹的侵扰，完成了这项艰巨的任务，又在李晏口为静安军修筑了城堡、完成了葫芦河的治理，起到御敌、通漕、溉田三重作用，"自此契丹不敢涉葫芦河，河南之民始得休息"。为了加强北部边防，韩通又先后主持修筑了束鹿（今河北束鹿县）、鼓城（今河北晋县）、祁州（治所在无极，今属河北）、博野（今河北博野），安平（今山东益都西北）、武强（今河北武强）城墙。

后周军队攻克三关后，筑城任务又落到韩通身上。他征召的是山东棣州、滨州一带民工，开始主持修筑霸州城。筑霸州城与别的城池还有不同，别的是修复筑牢，霸州是白手起家。在刚刚从辽国争夺回来的地盘建州，可不是件简单的事，意味着由原来的军事设施变成城镇，需要人口和大量民居的充实。

柴荣病死后，宋朝继续在益津关筑城。辽命南京（今北京）留守高勋、统军使崔庭勋屡屡进兵骚扰，试图把刚刚失去的土地夺回来。

这座城池数百年保持着巍峨的风貌。到了清代，皇家诗人纳兰性德在京城烦闷之时，率一干人马到京南的霸州一带游玩，依然能感受到当年的水淀与城池环境："霸山重镇奠神京，鸾辂春游淑景明。万呱银涛冲古岸，四围玉甃护严城。花乘暖日迎来骑，柳带新膏绾去旌。八寨雄图今更固，行随赏乐胜蓬瀛。"

（十八）从"二杨"到"杨家将"

杨家将的传说到今天依然是人们津津乐道的话题。它似乎有着很大的发挥空间，让人们更喜欢作为民间文学来演义。与此同时，它离历史真相越来越远。

千百年来，一些人又愿意把这些传说当作史实来看。原本笔者的阅读范畴，没有涉足杨家将传说这个领域，因为这种传播路径涉及的方面较多，是一种值得研究的社会现象。在大谈杨家将故事时，笔者感觉人们忽略了最初的一个人，这个和杨延昭同期的杨姓将领不得不提起。

以前，我们都是以杨业、杨延昭、杨文广三代作为杨家将得以传播的线索来考证。杨家将第一代杨业自北汉降宋，在山西地区英勇御辽，直至战死。后来就有了许多传说，诸如碰死李陵碑之类。第二代杨延昭人生大部在河北平原，故事更多，被辽人视为六郎星，后有辕门斩子、状元媒等戏曲内容。杨文广主要在西北，故事不多。后加上史上没有的杨宗保，同时出现了虚构人物穆桂英。这样，从河北到山西，再到西北空间广阔，从都城开封来说又都是地处偏远边境，这为人们演义杨家将丰富多彩的故事提供了土壤。纵观杨家祖孙三代，爷爷杨业有着忠诚、善战、勇猛的许多事迹，而杨延昭和杨文广与我们今天的传说距离较远。

当时，边关将领诸多，英勇戍边的也不在少数，比杨延昭职级高的更多，没有产生"王家将""李家将"，为什么偏偏有了杨家将？在多年关注宋辽边境历史过程中，关于杨家将叫法的产生，笔者有个新的发现。笔者以为最初叫起来，和一个历史人物有关，他就是边关将领杨嗣。

杨嗣（934—1014），瀛州（今河北省河间）人。杨延昭（958—1014），山西太原人。可以看出，杨嗣比杨延昭大24岁，然而两人同年逝去。杨延昭寿命短些，享年56岁。

那么，为什么要把他俩相提并论呢？因为两人除了同期在河北平原戍边的经历，职位相当，还有就是时人常常把他们放在一起，叫作"二杨"。但，不可能像今天说的称呼"杨家将"，这在文官执掌的宋朝是大忌讳的，而两人都是行伍出身。杨延昭是凭借老父的荫功得以补官，杨嗣是凭借自己的诚实，被推荐做朝廷的武士。

在仕途上，两人阅历也相差无几。杨嗣先后在河北的高阳关路、保州、威虏军等地任职。杨嗣任知保州时，杨延昭仅是个刺史。这里要注意，宋代刺史可不同于唐朝，宋代是个虚职，没有实权。这时的杨嗣想到的不是为自己的升迁高兴，而是为杨延昭打抱不平。他说，我和杨延昭一直是平级关系，单单把自己升迁不合适，我宁愿不提拔。这话传到了皇帝的耳朵里，皇帝不仅不发怒，还十分赞许杨嗣，于是杨嗣和杨延昭一起被提拔。"二杨"名声得来并不是两人的惺惺相惜，而是别人都有易地轮换，频繁调动，只他们老哥两在河北平原最为长久，加之都有些善战的名声，常常被人们相提并论，就有了"二杨"之说。

在河北平原，宋军一直处于守势，和强大的契丹军作战败多胜少。杨嗣、杨延昭也不能力挽狂澜，倒是屡有败绩。由于他俩常年驻守边境，有一年契丹人侵犯保州，杨嗣与杨延昭共同抵御，然而因为部队准备不足，被偷袭，士兵、马匹损失不小。没有功劳也有苦劳，这次朝廷宽恕了他们。不久，由于杨嗣熟悉边防事务，任镇、定、高阳关三路后阵钤辖，后又做了定州副都部署。再看杨延昭，澶渊盟约后做到高阳关路副都部署。

大字不识的这两位武官，显然不适应文人统领的社会格局，老有露怯的时候。史载，杨嗣治理辖区，不太顾及细节小事，又有防务在身，以至于城池损坏严重都没有及时修补，后来朝廷派赵彬取代了他的职务。杨延昭也是如此，由于不识字，常常让品行不端的小官周正处理事务，经常出错，为此朝廷还给了他诫勉谈话。可见，不认字的老哥俩与当时的政治生态很不吻合。

当然，对于二人的忠诚坚守还是应该给予充分肯定的。毕竟是战争时期，就要以成败论英雄，后人也看重了他们的良好品行，渐渐地也成为文学作品里的群体。"二杨"慢慢地被杨延昭三代取代。或许因为既然是故事，就需要有女性角色。杨业与佘太君、杨六郎与柴郡主、杨宗保与穆桂英成双成对，加上潜力股小将杨文广，杨家将的故事在添枝加叶中也就有了许多戏份儿，传到今天就分外精彩了。

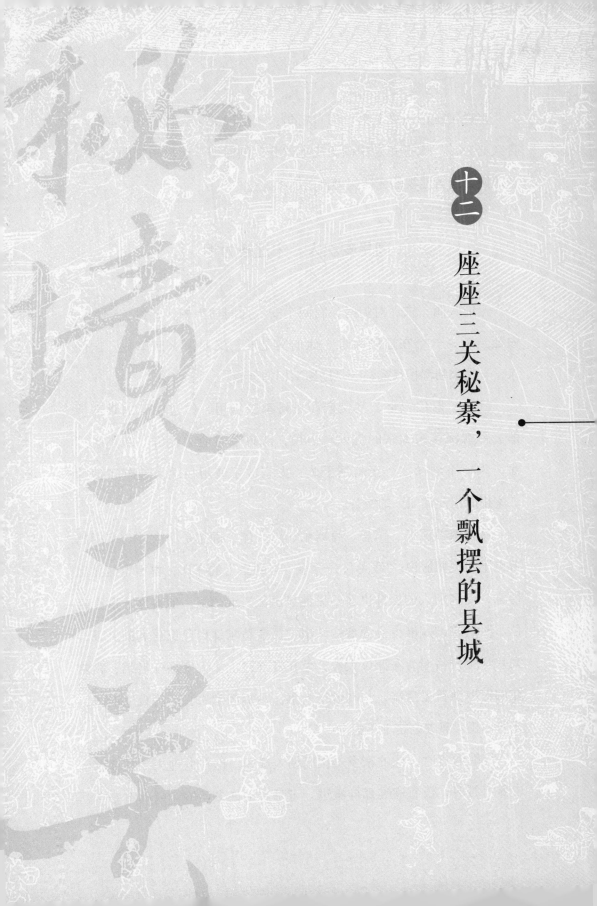

十二

座座三关秘寨，一个飘摆的县城

小说《三国演义》第一回有名句："话说天下大势，分久必合，合久必分。"宋辽正是中国历史上"分"的时期，边境一带的许多特殊印迹，随着地貌的变迁变得扑朔迷离。

同是安次人，宋辽各为相

无独有偶，宋辽对峙时，有两个安次人同期为相，不过，一个在宋廷当朝，一个在辽国为官。他们又是谁，又是怎么回事呢？这俩人，一是宋朝宰相吕端，一是辽国宰相韩延徽。

吕端，世代为官，其父亲和哥哥都受重用，做过朝廷的兵部侍郎。吕端深得宋太宗的赏识与信赖，才有了对他的评价"端小事糊涂，大事不糊涂"，正是基于此，太宗放手使用吕端，造就了他的"宰相肚里能撑船"的赞誉。

吕端做事沉稳、镇静、有器量、识大体，确实是个大才。宰相赵普也不由得佩服说："我见吕公奏事，得到皇上的嘉许，看不见他显出得意，受到别人的挫抑也看不见他显出沮丧或恐惧。他喜怒不形于言色。"后来，寇准也升为参知政事。吕端请求让自己位居寇准之下，太宗马上授吕端为左谏议大夫，位在寇准之上。太宗信任吕端，常常在偏殿单独召见吕端，与其讨论大事。吕端经常讲："吾直道而行，无所愧畏，风波之言不足虑也。"

吕端为官时，他的家乡安次已划入辽国。但在处理宋朝与辽国的边界纠纷时，没有寇准那样激进。可是看到许多臣僚对寇准有看法，说他锋芒太露时，吕端却为他极力辩护，说寇准敢于直言，是忠贞品质的体现，主张全力抗辽，也符合国家民族的根本利益。

吕端做事深谋远虑，非一般人可比。太宗准备收回夏州之地，惹得西夏首领李继迁起来反抗。李继迁一战之下大败，老母和妻子没来得及带走，做了宋军俘虏。宗太宗准备将李继迁母亲杀了。他找来寇准商量，寇准也同意太宗的主意。吕端听说后，感觉大为不妥，他说，自古做大事的人，是顾不了亲人的，汉高祖为打天下，父亲、妻子、儿女都丢弃了。看见太宗不说话，吕端接着追问："陛下今日杀之，明日继迁可擒乎？若其不然，徒结怨仇，愈坚其叛心尔。"太宗感觉有道理，忙问怎么办。吕端说好好养着老人，让李继迁对反叛行为有所顾忌。太宗按他的建议去做，在李继迁母亲老死后，李继迁不久也死去了。果然，李继迁儿子李德明念及没杀他祖母，后来选择了归降。人们都佩服吕端的远见。

我们知道，当初宋真宗被立为太子时，颇有一番周折，而吕端劳苦功高，居功至伟。宋真宗继位时，吕端年岁渐大，宋真宗也非常尊重吕端，一些基本的大政策略延续着他的基调。尤其是宋真宗亲往澶州城，在取得优势的情况下与辽国求和，签订盟约，不得不说这是他"沉稳、识大体"施行怀柔政策的最好结局。

宋真宗登基三年后，即1000年吕端六十六岁辞世，朝廷追赠司空，谥号"正惠"。

辽国宰相韩延徽也是安次人，辽国的开国功臣，岁数比吕端要大些。身为汉人的韩延徽能在北国走上高位，全凭他的忠心与执政水平。

《契丹国志》记载："契丹威服诸国，延徽有助焉。"这时契丹人也走向强盛期，横扫北方，占有如此广袤的疆土，韩延徽劳苦功高。

在进攻党项、室韦，征服各部落的战争中，韩延徽善于筹划，深得契丹首领耶律阿保机的信任。针对汉人定居农耕的生活方式，韩延徽建议阿保机建城郭，大力倡导"胡汉分治"，提出分治制度：游牧民族、农耕民族区别对待，让界内的汉人生活稳定下来。辽世宗耶律阮称帝时，韩延徽升任南府宰相，南面官的推行，也渐渐让汉人的文官制度进入草原地区。

身为汉人，早年韩延徽十分怀念家乡，常作诗以寄托心意，有次他趁出使机会跑到太原，就绕道真定，然后偷偷逃回河北老家安次，探视一番后又回到契丹。阿保机问他为何要回去，韩延徽回答："忘掉亲人是不孝，抛弃君王是不忠。我虽然逃回去，但心中想着陛下，所以又回来了。"阿保机听后很高兴，还赐他名字为"匣列"（复来的意思），让他参与朝政。

他的故事让我们想起一出戏《四郎探母》，多年身落北国的杨四郎对公主指天起誓："宋营虽然路途远，快马加鞭一夜还。"

如此看来，宋辽交界地的安次，一半为北国，一半是宋地，边界百姓当时真真切切处于这样的环境，他们厌倦硝烟，心向和平。

硝烟弥漫处，幽秘军寨多

说到大宋，说到"寨"，我们的脑海里马上会涌出几分神秘色彩，这些寨"只在此山中，云深不知处"（唐代·贾岛）。还会想起神勇的杨家将，想起寨主穆桂英的穆柯寨，在偏远山峦，占山为王，逍遥自在，威风凛凛。

其实这穆桂英和她的穆柯寨都是虚构的。尽管是虚拟，年深日久，这个被民间推崇的英姿飒爽的人物与那种清幽的山间环境，还是被各地对号入座，有多处山包借着杨家将故事被当作穆柯寨，从陕西、山西到北京、山东都有，据了解光是山东就有四处。穆柯寨成了一些景区热衷的招牌，越过历史真相，文学作品的形象被现代人消费着，亦真亦幻。

顾名思义，寨的意思是"防守用的栅栏"，现在北方称"寨"的村子很少了。南方的少数民族地区寨子倒是很多，防护防御是保障村民安居的第一要务，我们看到的村寨都是地处偏远，又有高山阻隔，往往要设置些进村屏障，如山石、木栅、墙垛等，达到易守难攻的目的。

宋代的寨，也写作"砦"。宋代是寨的兴盛时期，缘于冀中平原位于宋辽拉锯战的对峙区域，宋朝在边境各县、各军的村庄设有许多防御性质的军寨。

《宋史》记载，三关一带大大小小曾设了几十个军寨。最西的瓦桥关，即雄州有张家、木场、三桥、双柳、大涡、七姑垣、红城、新垣八寨；居中的益津关，即霸州有刘家涡、刁鱼、莫金口、哥翁、雁头、黎阳、喜涡、鹿角八寨；东边的信安军有周河、刁鱼、曰家、狼城、佛圣涡、鹿角、李详七寨。不仅如此，三关以东到渤海湾还有泥沽寨、双港寨、三女镇寨、苇场港寨、小南河寨、百万涡寨、沙涡寨、钓台寨和独流寨九个军寨。每寨之间相距十里左右，在特殊时期就构成了遥相呼应的边境防线。

既然这些边界居民生活的村庄称为寨，就有了亦农亦兵的防御性质。每个寨有巡检的官员称作知寨，知寨是巡检寨巡检的别称，分文、武知寨，文知寨为正，武知寨为副。《水浒传》梁山108位好汉英雄榜中，排行第九有"百步穿杨"功夫的花荣，落草前曾是清风寨的副知寨，可见他是位独当一面的武人。宋代县级治安分隶县尉、巡检。两者平级，县尉从九品，巡检由使臣充任，地位相当。县尉治县城，而乡里归巡检，相辅相成；县尉司所辖治安人员称弓手，巡检司所辖称土兵。

从一组数字也能看出一些端倪。据史料记载，北宋末期，三关之地的雄州当时户一万三千一十三、人口五万二千九百六十七，霸州户一万五千九百一十八、人口二万一千五百一十六，信安军户七百一十五、人口一千四百三十七。可以看出三个地方雄州人口最多，信安军最少，但所辖寨的数量基本相同，这些寨多是处在宋辽交界的一线。从三关走向看，雄州、霸州靠南，然后折向东北就是信安军。信安军地盘虽小，却处在与辽接触的最北端，加上后来霸州划过来的鹿角寨，所辖八寨比较密集，防御任务最重，可称为全民皆兵。

《宋史·职官志》说："寨置于险扼控御之处"，也就是寨要设置在交通要道或者险峻的地方。冀中平原没有山，也就谈不上险峻。和这里的关隘一样，这些寨的屏障除了人为修建堤坝、围栏，自然条件就是依靠淀洼、河流。寨的优势是由居民密织防护网，就避免了官军集中驻扎而出现的防守上的空当，遇有战况一呼百应。

"河北东路信安军缘边，狼城寨前。上百名军汉正守在寨前南来通路上，迎着一群群向南逃来的燕地难民。狼城寨是正兰南北通路的要害寨防，宋初之时也曾着力经营过。并引水成洼，种植树木，以限制当时契丹骑军的冲突。这么些年下来，狼城寨也如河北其他寨防一般荒废倾颓不少了。名册上始终有的驻泊守寨军马，在最厉害的时候其实一个实兵也无，全被当成空额吃掉了。"这里引用的是长篇小说《宋时归》中的一段话，说到信安军所辖狼城寨的位置及防御情况，防御措施一是利用河流多的特点，引水漫延，起到阻止骑兵的作用；二是大量种植树木，在平原，树木杂生，形成林障，也能御敌。当然，年深日久，有些戍边的官员出现了怠政，吃空饷，军寨往往形同虚设。

时过境迁，失去防御功能后，这些寨子早已成为村庄，加上每年雨季大清河、永定河洪水浩荡，频繁改道淤埋，已是面目全非，甚至一些名字已找不到对应的村庄。到明朝，安次县志狼城寨还在"八景"之列，名为"狼城秋月"。由于永定河泛滥，狼城被冲成了两个村庄：里狼城和外狼城。可能感觉"狼城"欠雅，在改名运动中，变成了"里澜城""外澜城"。更意味深长的是，如今偌大的淀洼河水也在一次次河流治理中远去，沉为平川陆地。信安作为一个镇归入霸州市管辖，里澜城作为一个镇归永清县管辖，外澜城作为一个村庄归安次区管辖。真是大江东去，沧海桑田。

摇摆的河流，长腿的县城

冀中平原地势低洼，水流汇积，这里有一大部分村庄的名字都和水相关，与如今干旱少雨的陆地有些不符。河流带来了水，也带来了泥沙，泥沙是由颗粒组成的，偌小的颗粒汇集起来，它们却如此强大，日积月累，千年百年，由沼泽之地铺出一个平原。这也恰恰体现着此地过山车式的历史变迁。当年的"九河下梢"引水、挖田、种水稻，长期被用来做军事防御文章，甚至影响着历史的发展脉络，冀中平原的水，每一洼、每一沟、每一片都不简单。

冀中的河流神秘莫测，变化无常，足以影响历史政治版图的格局，宋辽在这一带由对峙到后来划线互市，双方角力的走势，冀中的水成为至关重要的砝码。

冀中的水有多强势，我们还想到在三关东沿的一座千百年来摇摆不定的县城，它就是安次县城。

说到安次，也是大有来头，据传这里是黄帝到过的地方。安次境域周代属燕地，西汉开始置安次，元代后改为东安县，民国时期至今恢复安次之名。清代学者朱彝尊在《日下旧闻》京畿东安县下引用《长安客话》说："东安，古安墟，黄帝制天下以立万国，始经安墟，合符釜山，即此。"

《东安县志》把"永定潮声"列为八景之一，条目的解释为"永定河即古桑乾河，其源发于云中，自卢沟而下有潮，突然而起，奔流二百余里，高可四五尺，沙石争趋，林木响应，每日两潮，第不若浙江潮之有定候耳"。将永定河的潮声与钱塘潮作比，可见人们心中的爱恨相依。唐代诗人刘长卿《穆陵关北逢人归渔阳》有诗句：逢君穆陵路，匹马向桑乾。楚国苍山古，幽州白日寒。城池百战后，耆旧

（年高望重者）几家残。处处蓬蒿遍，归人掩泪看。

酷寒、家破、蓬蒿，桑干河连同幽州一直在古代诗人的文字里象征着偏远凄凉的意象。

史载，安次县城自汉朝到20世纪50年代，经历了六七次搬迁。准确地说，不是搬迁，而是由于洪水冲击，严重时被淤埋，不得不易地新建。这一切缘于三关以北一条摇摆不定的永定河。永定河，多么响亮的名字，其称呼多次更改，有桑干、浑河、无定、永定。叫桑干河是因为它源出山西，流经河北，据说每年桑椹成熟时河水干涸；叫浑河、无定河倒是更形象准确；清代康熙皇帝带着美好愿望，赐名永定河，但此后这条河流的河道，依旧没有停止更改肆虐。如果在中国版图找一条迁移无常的河流，那非永定河莫属。

永定河是北京的母亲河，也是河北中部平原地区的母亲河。由于永定河善淤、善决、善徙的特征与黄河相似，又有"小黄河"之称。它历史上的多次决口和改道，也冲击着沿河两岸，"永定河出西山，碧水环绕北京湾，卢沟渡摆渡船，渡走春秋渡秦汉。金中都烟云散，留下古桥写江山，元明清七百年，卢沟晓月照大川照大川——"唱着这首老北京歌谣，就顺河堤进入三关之地的安次。老安次县城正处在永定河泛区之中，翻看清《东安县志》和民国《安次县志》不难发现，因为永定河时刻威胁着安次县城，赶得安次县治在历史上至少搬了六次家，歪打正着，最后一次搬家成就了如今的廊坊市区。

据专家考证，"安墟"是今天安次区常道村。安次作为地方行政区划始于汉高祖初年，县治在今天的古县村，从此，县城也走上了漂泊之路。以此到唐武德四年（621），古县村作为安次县城，延续时间达820余年。在如此漫长的岁月里，永定河河道从北京市区东部的清河南移至坝河、凉水河、凤河，逐渐迫近安次县境。

唐朝初年，永定河已摆动至今龙河流域，迫使安次县治南迁至石梁城（今仇庄乡灰城村）。然而这一次实在是选址不慎，此处地势低洼、淀泊密布、河网纵横，也易遭受水患。因此，634年县治不得不向西北迁至常道城（今九州镇北常道村）。

然而，永定河并未因此停止脚步。此时河水沙多发黑，始称卢沟河，而且河道摆动更频繁。不到百年，主河道迁至今固安中北部，并由其东北部东折，进入今安次境内的天堂河河道。这样，安次境内的泛区就扩大到了常道城。常道城紧邻北岸，所以百年后的公元735年，安次县治不得不再次易址，迁至南岸的耿就桥（今旧州镇）。

自735年到936年的200年间是耿就桥县治时期。至其晚期，永定河河道越过耿就桥，沿今永清与今安次交界地带蜿蜒南流。而此时，安次已成为辽国属地，隔河便是主战场。耿就桥不仅紧邻界河，也有永定河冲浸之虞，当然战争威胁极为突出。于是，公元936年，安次县城移至菘城（今万庄镇稽查王村），菘城位于龙河以北，远离永定河水患，也更接近辽的南京析津府（今北京）。自此，开始了长久稳定的菘城县治时代。公元1151年，金迁都燕京，安次自此成为京畿之地。元代以来，北京成为帝都，城市建设不断扩大，加之战火影响，北京西山甚至燕山、太行山北部的森林破坏极其严重。至元明两代，永定河已称为浑河。元中统元年（1260），安次县改称东安县。明洪武二年（1369）又因浑河水患，安次县治南迁至张李店（今仇庄乡光荣村），结束了菽城430余年的历史。

1950年2月，夏季波涛汹涌的永定河水冲破堤坝，淹没了安次县城。安次县城再次搬迁，挪到当时的小廊坊村，这次张李店村作为县城历史将近600年。之所以迁到小廊坊，是因为这里有个北京到山海关的京山铁路车站，也是清朝早期的火车站。这次迁移，意义非凡，不仅成了安次县城，还随着天津改为直辖市，安次县城逐渐成了今天作为地级市的廊坊市区。再说离现在最近的老县城张李店村，由于之后的1954年和1956年两次特大洪水，彻底将该古城埋入黄沙之下，现在地下十几米处还沉睡着这座老县城。

从前的过于遥远，已归于沉寂，归入泥土。史书记载，被淤埋的安次县城墙长七里二百步，东城墙七百六十四步，南城墙七百一十八步，西城墙五百六十步，北城墙八百步。城墙高二丈七尺，墙宽一丈五尺，四座城门分别叫作东升门、西爽门、南明门、北拱门。

20世纪50年代的安次老县城，今天还有许多见证者，借助他们的回忆，我们可以领略下永定河水的肆虐。他们说道，共水淹没县城的十年后，在许多榆树、槐树空隙，被大水淤埋的屋檐与地面一平，时隐时现露在一垄一堆的沙丘间。时常有人在刨房屋的旧砖，已有几户利用这些青砖在原址盖起了房子。据说，那场洪水连续几天，泥沙把这个县城淤平，偶尔有地面露出些屋脊。好在提前人们已经迁移，人员损失不大。而六百年的县城历史就这样无奈地被洪水淹没地下，让人想起一个诗人的诗句，"我从来没有像今天这样，感到一切都是泥土"，相比于人物、县城、洪水，看来最持久的还是泥土。

被淤埋的还有明代户部尚书刘体乾的陵墓。刘体乾是安次人，嘉靖二十三年（1544）中进士，此后官职一路攀升，隆庆初（1567）晋升为南京户部尚书，正二品。由于他"清正刚直，上疏力争"颇有好名，死后被皇帝准许葬回故里，叶落归根，石牌坊、神道碑、石像生，一应俱全。2003年，由于公路施工，文物部门对刘体乾墓地的石刻进行清理、搬迁，共清理出被淤埋地下的大件石刻14件。

我们再梳理下安次县城从西汉到1950年两千多年的迁移路径：古县村—石梁城—常道城—耿就桥—菸城—张李店—小廊坊。有人戏称，安次是被永定河赶着跑的县城。是燕山、太行山的河水夺得先机，粉墨登场，主导着这一带的历史走向。

时移世易，由于上游蓄水、工业用水和生活用水量激增，如今的永定河已不见了当年的浩荡之水，转而成了一个宽阔的河床，年深日久，河床里长满了庄稼和树木。而河流两岸的泥土之下，安次千年的历史沧桑仍在流传。

五代十国，天下分崩，冀中平原也随着战火频繁更迭。宋辽对峙前后，安次县城既经受着永定河水的惊扰，也经历着时局的波折与战火的侵袭。后晋皇帝石敬瑭割让燕云十六州，安次由后晋被划入契丹，而县城北迁至菸城。如此来看，今天的安次版图历史上属于宋辽两国，北边的大部归辽国，南边沿三关一线归于宋朝。时而战争时而和平，但总的趋势是和平共处，只有和平时期，百姓才能安居乐业。

十三

白洋淀文化扩展态势，心随雄安一起走

对峙意味着力量持恒，宋辽之间就呈现出这样的态势，尽管有过短暂的实力此消彼长，但终究没有出现大的转换，两国在打打谈谈中走向和平共处。倒是后来又出现了潜在的敌人，就是金和元，金灭亡了北宋，与南宋之间的界线大幅度南移，到了淮河一线。后来的蒙古人更是强大无比，南宋与元军的崖山大决战致使宋军覆没，南宋小朝廷灭亡。

从某种意义说，宋辽河北平原的边关时期是中华版图上的历史一页，在冲突中寻求包容共处，在中国历史发展中有着重要地位。它呈现的形式如此完备，既有时间上的，又有空间上的，起码笔者还没有在别的地方看到。在冀中这片神奇土地上，它路途崎岖，却一往无前地走向了今天的地级市河北廊坊和新区雄安。京津冀协同发展、北京新机场等一个个雄伟规划让人们更在意这片天空和土地，更希望在源远流长中汲取营养与力量。

白洋淀笔者几乎年年巡游，为着北方不多的湖水。

以前游历白洋淀有两个理由：一是跟着文学作品走，寻孙犁视线里的荷花淀，找徐光耀笔下"小兵张嘎"的身影，听雁翎队的遥远枪声；二是跟着自然风光走，穿行于漫无边际的苇丛，观冀中平原上的碧波荡漾，闻几声远远近近高高低低的水上鸟鸣。水造就了平原的灵性，让这片土地每个时期都有不平凡的记忆。

2018年，在雄安新区设立一周年之际，这里已吸引着举世的目光，不再仅仅是观光，更是见证它的起步建设与发展。"千年大计"让人类世世代代筑梦圆梦。更让人坚信，在城市化进程中，没有我们克服不了的难题。

所以，雄安一带的文化意义也在彰显，白洋淀文化的符号意义更为引人关注。一种文化现象从来都是随着时间变化的，扩大或者缩小。显然，借助雄安新区，白洋淀文化的外延会出现扩张之势，笔者以为，必须置于冀中水乡平原这样的环境下才能解构。

是历史选择了它。"雄安新区作为北京非首都功能疏解集中承载地，要重点承接北京非首都功能和人口转移。"与首都北京一百公里的距离，按照现在的交通条件，是个理想的大城市疏解点；深邃的冀中原野能够包容万象，海纳百川；仰望天空，让这里永远激情荡漾，畅谈展望。于是，关隘—城镇—都市，它向往和平与安宁，建设与发展，引领人类的未来方向。

经历了漫长的边塞凄寒，曾几何时，这里令人望而却步，"蓼岸平沙尽日扬，蹇驴孤客意茫茫。白波一道通沧海，紫塞千盘阻太行。"（清·伊朝栋《过白沟河》）"三关"又是这里毅然走进城镇化的重要节点，它是从千年前的"三关"走来的。由关隘到城镇，尽管走得艰难，却一往无前，是历史助推着它。

冀中平原有着良好的条件，历史上有东淀、西淀、文安洼等多个大淀，以及大清河、唐河、潴龙河等多条河流融汇，地势与水脉连接一起。如今的雄安，以白洋淀一片水为依托，将打造"北城、中苑、南淀"的空间布局。远离硝烟的土地热爱和平，它在构建新的格局，也是人类的生活、生产、建设共同关注的课题。千年前，曾经诞生杨家将戍边故事的土地，也不乏新的未来建设奇迹。由于时代赋予它的职责，它的区位态势正在显现，"雄安新区地处北京、天津、保定腹地，距北京、天津均为105公里，距石家庄155公里，距保定30公里，距北京新机场55公里，区位优势明显，交通便捷通畅。"（《雄安新区规划纲要》）

要看到，在"开发程度较低，发展空间充裕"的背景下，既然一切都是潜质，那么一切都有可能。雄安一带由过去的劳动力密集、乡村主导的局面向现代化新型城市提质提速，"统筹生产、生活、生态三大空间，构建蓝绿交织、疏密有度、水城共融的空间格局。'一主、五辅、多节点'的城乡空间布局。启动区面积20至30平方公里，起步区面积约100平方公里，中期发展区面积约200平方公里"。让人们有信心期待。

白洋淀文化凸显两种文明的交融性。 地处太行山东麓的白洋淀地区，是中原文明与北方游牧文化交流沟通的节点，两种文化总是在这一地带接触，碰出火花，这火花就化作一件件历史事件，增添了白洋淀地区历史文化兼容色彩。

随着历史朝代的更迭，白洋淀地区归属权数易，融合与拒绝、兼容与相持，使这里处在历史文化的交错中。

历代的防御体系在这里尤为突出，河北文物研究所段宏振认为，防御辽军的工事不仅挖掘地道，还有大规模的筑堤与围河，因而形成了稳固的大面积水域白洋淀，有些地段的围堤顺势利用了战国时期的燕南长城墙体。可以说，现今的白洋淀水域本身即是一处大型的古代土建工程遗迹。宋辽相持于白洋淀地区，几乎是前代燕赵分野、商文化与北方文化对峙于这一地域的历史重演。

可以想见，从商代的版图看，当时由于交通、信息等方面的制约，这里处于中原文明和北方文明的试探期。但从来没有成为分水岭，南北民族一直都有着交融的欲望，这里有抵制，有冲突，更有往来，尤其是民间的力量成为政治格局的黏合剂。燕赵文化目前来看，有着明显的古城墙遗存，从太行山东麓东下，沿着今天的白洋淀一线一直抵达渤海。而秦始皇统一中国，使这里成为一个整体，有了文化交汇。总的看，这种交汇在历史上一直不太稳固，时分时合，合合分分。宋辽约不同是先是冲突，而后交往交流。明代、清代前期先是冲突，由战争完成统一。这些冲突，有军事的，有政治的，有民族的，也有文化的，有冲突达到交融，构成这一带的一大文化特色。

及至金代及以后，随着元明清时期北京成为都城，中国的政治中心完成历史上最大的北移，白洋淀地区进入京畿地区范围，白洋淀地区的文化内涵也发生转变，以服务京城为重要内容的文化现象逐渐显现。诸如京城达官圈地、游历，保镖、保姆、佣工的服务业，还有工匠的技术转移等，使这里出现了新的气象。

总的来讲，这一带历史脉络很清晰：漫长的边塞经历，到近代的京畿之地，到如今的"北京非首都功能承接地"，到2035年基本建成绿色低碳、信息智能、宜居宜业、具有较强竞争力和影响力、人与自然和谐共生的高水平现代化城市。这必然带来文化品质的变化。随着雄安新区的建设，我国的政治、经济、文化的辐射范围势必也会得到扩展。如今，这片热土更显辽阔，这片淀水荡漾碧波，人们脸上洋溢着希望与信念，都在描画着自己心目中的愿景。

　　文化是持久的，是可以展现永恒魅力的。不可否认的是，随着各项事业的建设推进，冀中平原历史文化的独有品牌会得到弘扬与传播，而边关文化无疑是个熠熠闪光的符号。当硝烟远去，在开阔的平原行走，在三关一带行走与驻足，千年前发生的一切已经随淤积的平原变得陌生，一代代人早已远离了那个时局，都在演义着关于国家的忠良；村庄的大喇叭不时传来悠扬的河北梆子《三关排宴》唱腔，"咱杨门男男女女、老老少少，一个一个为国尽忠战死在沙场"；村头大槐树下农人和孩子讲着杨家将的故事。

　　而作为这片土地的亲历者，尽管往事如烟，又怎能忘怀？历史传递来的交接棒，白洋淀、雄安、廊坊，这些鲜亮的名字承载着不凡的关于宋辽、关于三关的昨天。

参考文献：　1. 脱脱等撰：《百衲本宋史》，国家图书馆出版社，2014年。

　　　　　　　2. 李焘撰：《续资治通鉴长编》，中华书局，2004年。

　　　　　　　3. 包利民：《宋代城市研究》，中华书局，2014年。

　　　　　　　4. 王晓波：《宋辽战争论考》，四川大学出版社，2011年。

　　　　　　　5. 陶晋生：《宋辽关系研究》，中华书局，2008年。

历史真相，让我不断追寻

—— 《秘境三关》跋

□ 孟德明

　　雄安已经成为一个热词，它让冀中平原承载起"国家大事、百年大计"新的历史使命。就像一个人的履历，我们很在乎来龙去脉。廊坊与雄安一带，恰好处于千年前自五代十国到北宋边境的"三关"，也是神勇杨家将故事的生发之地。自小听多了故事，笔者变得不再满足，于是就在一个个疑虑中开始了对真相的追寻，阅读与行走，一直像平行线载着笔者到如今。很快地，笔者发现这里不仅仅意味着中国古代史上的战争冲突，还有更为丰富的内容被我们忽略了。于是，伴着阅读与行走，笔者逐渐发现了许多别样的精彩内容。

　　古人很聪明，把看不见摸不着的"时光"比作流水——沇水你总能看到吧，它沿着自身开辟的路径滚滚东去，不舍昼夜。时间亦如此。人们在时光面前总显得藐小，故此，对于时光在身上的无情流逝会生发几多的慨叹，说它是弹指一挥，须臾之间，"譬如朝露，去日苦多"。字里行间流露出无奈。

其实我们应该感谢时光，它把许多的无形变为有形。在时光推移中，每个人抚摸自己的心脏时，会感知它搏击的节拍，会感觉到生命的真切。我们怀揣梦想，希望有所成就。然而，逝者如斯，浪花淘尽，更多的人在一世之中走了过场，即使大人物也常常在时间里黯淡下来，能留下一个名字已很不错了。而彼时发生的惊天动地的事件早已归于平寂，有的也仅仅能留下一个概念性符号。

好在，被时间留下来的还有脚下的土地，还有山河，它见证了曾经发生的一切。当然，泥土是宽厚的，寂静的，它载道万物，却知而不言。

我们总是对于从前发生的事实怀有好奇之心，充满探究的欲望，希望知晓它的真相。尽管一些过往被演义、被戏说得清波婉转，引人入胜，可也相应地出现了对往事记忆的支离破碎。激荡之后是平寂，这些终究替代不了我们对于真相的求知欲望。如果一些戏说、演义被人当作实有发生，我们只能哼唱那首歌曲借我一双慧眼了，历史总是被遮盖上许多的谜团。就连大名鼎鼎的苏东坡不是也弄不清赤壁的具体位置，跑到黄州发了一通慨叹吗？意外的收获是他留下了名篇美文《赤壁怀古》，成就了今天的"文武两赤壁"。

在社会发展中，更多的人是接受者，是"你说，我们听"，唯愿我们不要误导，不要以讹传讹。而眼下又出现了许多地名之争，名人之争，就显得有些乱象了。究其原因，有的是由于以前的资料不丰富，有的是功利思想作祟。所以说，追根溯源已是当务之急。还是那句话，真相只有一个，以商榷为名而混淆视听，则是历史的罪人。

笔者不否认那些演义、戏曲对于杨家将和三关的符号传播有着自己的使命，即以艺术形式感染着读者和听众。笔者还认为，我们总是愿意知道历史的真相，即使时间消磨掉许多，甚至早已掩埋在尘埃里，好在我们还有一颗探究的心，通过年月比对，实地踏勘，透过史料的蛛丝马迹，笔者相信我们总会有所获得。那样的话，我们的工夫就没有白费。

时光还在承载着我们前行，时不我待，我们能做的事，不要留给下一代。因为，时间还在对历史事件不断消磨。

记得那次笔者采访央视《百家讲坛》主讲、厦门大学哲学系教授付小凡先生，笔者问他，作为一位哲学家，如何看待他眼中的历史。他的话很有意味，他说历史是一座矿藏，历史文化不能仅仅由历史学家来开采，历史学家的任务是挖掘与考证，而搞哲学研究当然也可以充分利用这些既有成果，从逻辑推理方面来评判，从哲学角度来进行分析推导，从而找出其规律性，成为我们今天的思想借鉴。

而笔者呢？作为一名文化散文作家，笔者当然也想在这块历史的大蛋糕上切下一刀，以期尝到它的滋味。笔者希望通过自己的非虚构文学写作，对于笔者感兴趣的历史真相进行搜集、整合，并试图表达出自己的所思所想。笔者想，笔者也有这个责任。可以说，笔者的态度是诚恳的，笔者的付出是勤奋的。

在人们的记忆里，"三关"就像那个剃头挑子，一头凉一头热，热的是各种戏曲、演义传说，凉的是它的真相。不久前，河北卫视"穿越经典"栏目策划拍摄一期《边城往事》，就是关于宋辽"三关"的内容，编剧兼导演高虹多次与笔者通话沟通，邀请笔者做嘉宾，进行了多个话题的解答，笔者有理由说出笔者所了解的真相。笔者的基本思路就是"传奇的杨家将，真实的三关"，杨业、杨六郎、杨文广三代历史上戍边有功，但其事实和我们今天戏曲所说也有着很大的差别，更多的是借用他们的名字。之所以流传甚广，是赶上了明清时期演义、评书、戏曲盛行的好时候，但它依然离不开"三关"这个符号的托举。

历史上的三关基本特征就是"无山而关"，只有沿着这样的思路，我们才会走进真相。就笔者所知，笔者致力研究的这个领域还有很大的挖潜空间，也愿意诠释出自己的见解和结论，如此，也就够了。

如今，雄安来了，整个冀中平原受着共同的河流泽被，文化同根同脉，我们怎能缺席？作为一名文化工作者，只有融入时代潮流，才能体现价值，这是我们责无旁贷的担当。且让我们走进，感知那些栉风沐雨的岁月。

笔者于2019年1月